Traumhochzeiten für jedes Budget

DIE 100 BESTEN SPARTIPPS

BASICS & BUDGETPLANUNG	6
1 Stellen Sie sich Ihre Traumhochzeit vor	8
2 Die Stilfrage gleich zu Anfang klären	9
3 Den finanziellen Spielraum bestimmen	10
4 Geld schenken lassen – auch vom Staat	11
5 Rechtzeitig mit der Planung beginnen	12
6 Freunde und Verwandte einbinden	12
7 Gute Organisation spart Zeit und Geld	13
8 Preise und Angebote genau prüfen	14
9 Ausgaben regelmäßig checken	14
10 Bloß nicht alles neu kaufen	15
❶ CHECKLISTE: Budgetplanung	16
DIE ERSTEN SCHRITTE	24
11 Die Hochsaison lieber meiden	26
12 Teure Tage, günstige Tage	27
13 Jawort erst am Nachmittag	27
14 Beim Restaurant auf Details achten	28
15 Catering selbst organisieren	29
16 Hochzeit im eigenen Garten feiern	30
17 In den Urlaub fahren und heiraten	31
18 Standesamt & Kirche an einem Tag	32
19 Kein Stress mit der Gästeliste	32
20 Günstige Quartiere für Gäste finden	33
❶ CHECKLISTE: Location	34
EINLADUNG & CO	36
21 Save the Date mit kleinem Porto	38
22 Entdecken Sie Ihre kreative Seite	39
23 Schlichte Karten aufpeppen	40
24 Schenken Sie der Post kein Geld	40
25 Facebook, E-Mail oder Blog nutzen	41
26 Papier & Bänder: Im Dutzend billiger	42
27 Das große Rabattpaket buchen	43
28 Kirchenhefte aus dem Copyshop	43
29 Tisch- & Menükarten zum Nulltarif	44
30 Schlicht und stilvoll Danke sagen	45
❶ CHECKLISTE: Gästeplanung	46
FASHION & BEAUTY	48
31 Ihr Traumkleid nach Maß	50
32 Im Trend: Kleid leihen oder mieten	50
33 Neues Brautkleid günstig kaufen	51
34 In Secondhandläden stöbern	53
35 Schicke Alternativen zu Brautmode	53
36 Ein Kleid, verschiedene Preise	54
37 Brautschuhe für jeden Tag	55
38 Sparen Sie nicht beim Styling	56
39 Wellness im Wohnzimmer	57
40 Last-Minute-Relaxen für sie & ihn	57
❶ CHECKLISTE: Terminplanung	58
BLUMEN & DEKORATION	68
41 Mit Blumen der Saison dekorieren	70
42 Viel Grün & große Blüten verwenden	70
43 Brautsträuße für jeden Geldbeutel	72
44 Deko am besten leihen oder mieten	73
45 Material aus der Natur verwenden	73
46 Accessoires aus dem 1-Euro-Shop	74
47 Schöne Deko, auch ohne Blumen	75
48 Deko, Tischkarte, Give-away: 3 in 1	75
49 Styling für das Brautauto	76
50 Blumen clever mehrfach verwenden	77
❶ CHECKLISTE: Blumen	78

ESSEN & TRINKEN

51	Gästeliste clever kürzen	82
52	Lesen Sie das Kleingedruckte	83
53	Kein Aufpreis für regionale Speisen	83
54	Feine Küche in Eigenregie	84
55	Buffet, Menü oder à la carte	84
56	Versteckte Kosten beim Catering	86
57	Küche auf Rollen	87
58	Kork- und Tellergeld im Restaurant	87
59	Alkohol ja, aber mit Limit	88
60	Hochzeitstorten für jedes Budget	88
ℹ	CHECKLISTE: Catering	90

FOTO, VIDEO & MUSIK 94

61	Es müssen nicht immer Profis sein	96
62	Jungen Talenten eine Chance geben	97
63	Mit Internet-Auktionen sparen	98
64	Video in Gemeinschaftsproduktion	98
65	Profi-Fotograf nur für die Highlights	99
66	Bilder günstig nachbestellen	100
67	Musik für das Standesamt	100
68	Musik für die kirchliche Trauung	101
69	Bei Livebands ist weniger mehr	102
70	Allroundtalent als DJ buchen	103
ℹ	CHECKLISTE: Foto, Video & Musik	104

AKTIONEN 112

71	Hochzeitswalzer vom Profi lernen	114
72	Mit Hochzeitsspielen Geld verdienen	115
73	Gäste zum Mitmachen animieren	116
74	Unterhaltsame Hochzeitsbräuche	116
75	Gästebuch selber machen	118
76	Diashow mit Live-Atmosphäre	118
77	Feuerwerk muss nicht teuer sein	119
78	Hochzeitsrede und Alternativen	119
79	Teure Tauben, günstige Tauben	120
80	Programm für die kleinen Gäste	120
ℹ	CHECKLISTE: Hochzeitsplaner	122

ACCESSOIRES 124

81	Ringe: am besten schlicht & schmal	126
82	Ringe mit Profis selber machen	127
83	Ringkissen kreativ selbst gestalten	128
84	Traukerze im Werkverkauf	128
85	Wedding Bubbles statt Streublumen	129
86	Blumenkinder: dress for less	129
87	Liebevolle Gastgeschenke	130
88	Edles Hochzeitsauto ganz günstig	131
89	Riksha, Roller oder Ruderboot	132
90	Geschenketisch im Internet nutzen	133
ℹ	CHECKLISTE: Ablauf Hochzeitstag	134

RUND UM DIE HOCHZEIT 136

91	Das Comeback der Verlobung	138
92	Kostenfreier Junggesellenabschied	138
93	Polterabend lieber lässig feiern	139
94	Honeymoon: Mit Specials sparen	140
95	Flitter-Apartment zum Nulltarif	141
96	Weg mit doppelten Versicherungen	141
97	Eine Versicherung, die jeder braucht	142
98	Vor- und Nachteile des Ehevertrags	143
99	Steuern sparen – leicht gemacht	144
100	Tschüs, Traumhochzeit: 3-2-1-Deins!	145
ℹ	CHECKLISTE: Helfer & Beteiligte	146
	Stichwortverzeichnis	150

SPARPOTENZIAL   bis 10 Euro
                10 - 100 Euro
                mehr als 100 Euro

LIEBE BRAUTPAARE,

„die Dinge, auf die es im Leben wirklich ankommt, kann man nicht kaufen." Diese klugen Worte stammen von dem amerikanischen Autor William Faulkner. Es ist auch das Motto dieses Buches: Eine Hochzeit kann noch so teuer und aufwendig sein – damit es eine unvergessliche Traumhochzeit wird, ist noch etwas anderes nötig: viel Liebe – bis ins kleinste Detail.

Etwa eine kreativ gestaltete Einladungskarte. Ein selbst verfasstes Hochzeitsgelübde. Eine Dekoration mit Fotos aus dem Leben des Brautpaares. Eine selbst gebackene Hochzeitstorte. Romantische Give-aways. Eine ergreifende Ansprache des Brautpaars an die Gäste. So entsteht eine besondere und herzliche Atmosphäre, die man für Geld nicht kaufen kann, und nur so bekommt die Hochzeit eine persönliche Note.

Dieses Buch unterstützt Sie mit 100 ganz konkreten Spartipps bei der Hochzeitsplanung. Es wird Ihnen helfen, Ihr Geld für die richtigen Dinge auszugeben. Ganz bestimmt müssen Sie mehr organisieren, selbst Hand anlegen, Freunde einbinden und genauer über alle Ihre Ausgaben Buch führen, aber wenn Sie an den richtigen Stellen sparen, kann auch ein kleineres Budget all Ihre Hochzeitsträume erfüllen.

Ich wünsche Ihnen eine traumhafte Hochzeit!

Ihre
Bettina Pyczak

BASICS BUDGETPLANUNG

- Stellen Sie sich Ihre Traumhochzeit vor
- Finanzieller Spielraum
- Stilfragen
- Preise vergleichen
- Geldgeschenke
- Gute Organisation

BASICS BUDGETPLANUNG

Der schönste Tag im Leben kann ganz schnell auch der teuerste werden. Mit allen Freunden und der Familie ein großes Fest feiern. Leckeres Essen und coole Cocktails, eine außergewöhnliche, liebevoll dekorierte Location, ein traumhaftes Brautkleid und und und. Mit cleverer Planung können Sie viel Geld sparen und müssen auf nichts verzichten.

- Nicht alles neu kaufen
- Freunde einbinden
- Ausgaben checken
- Rechtzeitig planen

Fotos: © Marc Dietrich, © Stanislav Perov | Dreamstime.com, iStockphoto, © ISO K° - photography - Fotolia.com, CHIPimages

BASICS BUDGETPLANUNG

INTERNET TIPP

Im Internet finden Sie Infos rund um das Thema Hochzeit:
www.hochzeit-blog.de
www.braut.de
www.weddix.de
www.1001hochzeiten.de
www.ratgeber-hochzeit.de
www.miss-solution.com
www.hochzeit-total.de

1 Stellen Sie sich Ihre Traumhochzeit vor
SPARPOTENZIAL ◉◉◉

Bevor Sie mit der Planung beginnen und sich den Kopf über mögliche Finanzierungsmodelle zerbrechen, ist es wichtig, dass Sie mit Ihrem Bräutigam die Bilder abgleichen, die Sie sich von Ihrer Hochzeit machen. Streichen Sie dabei noch nichts. Formulieren Sie vielmehr eine Wunschliste, und diskutieren Sie die jeweiligen Vorstellungen von einer Traumhochzeit.

Was ist Ihnen wichtig, worauf wollen Sie auf keinen Fall verzichten? Wo können Sie Kompromisse schließen? Und: Was ist dem Bräutigam wichtig, worauf will er nicht verzichten, wo kann er Kompromisse schließen?

Wenn Ihnen ein traumhaftes und vielleicht auch kostspieliges Hochzeitskleid am Herzen liegt, können Sie eventuell an der Dekoration sparen. Sind ihm die Flitterwochen wichtiger als die eigentliche Hochzeitsfeier, dann könnten Sie vielleicht die Anzahl Ihrer eingeladenen Gäste reduzieren und das Geld in den Honeymoon investieren.

MEIN TIPP: Entscheiden Sie sich bei Ihrer Hochzeitsplanung für drei Dinge, die Ihnen beiden wirklich am Herzen liegen. Diese Dinge sollten Sie ohne Kompromisse verwirklichen. Bei den anderen Punkten kann jeder von Ihnen ruhig ein paar

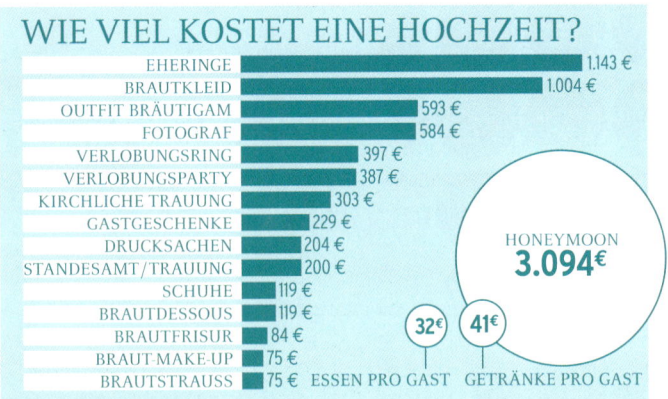

Fotos: © Stanislav Perov | Dreamstime.com, © John Karwoski - Fotolia.com

Hochzeit mit Thema: Kleiner Aufwand, große Wirkung

Das Thema definiert zugleich die Atmosphäre Ihrer Hochzeit: Einladungen, Räumlichkeiten, Dekoration, Blumen, Kleidung, Essen & Getränke, Entertainment, Ablauf der Hochzeitsfeier.
Wählen Sie am besten ein Thema, das mit wenig Aufwand schön umzusetzen ist und bei dem Sie viel selber basteln und dekorieren können. Hier einige Beispiele:

- **Hearts.** Farbe: Rot. Blumen: Rosen. Dekoration: Glasschalen mit Schwimmkerzen und Rosenblättern. Give-aways: Schokoladenherzen. Extra: Lassen Sie rote Herzluftballons steigen.
- **Maritim.** Farbe: Blau. Dekoration: Seesterne und Muscheln in kleinen Glasgefäßen, die mit Sand gefüllt sind. Extra: Mieten oder leihen Sie sich für Ihre Location einen Strandkorb.
- **Summer of Love.** Farbe: Gelb. Blumen: Sonnenblumen. Give-aways: Blumensamen. Entertainment: Musik der 60er- und 70er-Jahre.
- **Ländermotto** – etwa Spanien. Farben: Rot, Gelb. Tischdeko: Schalen mit Zitrusfrüchten und Kaktusfeigen. Essen: Tapas, Saucen, Brot und Mandelkuchen. Entertainment: Salsamusik.
- **Orientalische Nacht.** Farben: Gold, Orange, Lila. Dekoration: Verzierte Kerzenleuchter mit Farbkerzen. Entertainment: Bauchtänzerin. Extra: Richten Sie eine Lounge-Ecke mit vielen Kissen und Kerzen und mit einer Wasserpfeife ein.

kleine Abstriche machen. Wenn möglich: Gönnen Sie sich bei Ihrer Hochzeit auch einen Hauch Luxus – es ist schließlich Ihr großer Tag!
Eine Orientierungshilfe zum Thema Budget finden Sie ab Seite 16 ❶ Checkliste Budgetplanung.

2 Die Stilfrage gleich zu Anfang klären
SPARPOTENZIAL ●●●

In welchem Stil wollen Sie Ihre Hochzeit feiern? Das ist keine Frage, die man irgendwann im Laufe der Hochzeitsvorbereitungen klärt, sondern besser gleich zu Anfang. Eine fröhliche Gartenparty mit vielen Freunden und Verwandten, eine ländliche Hochzeit in einem verträumten Gasthof, eine coole Lounge-Hochzeit in einem Club, eine Seemannshochzeit auf einem Schiff oder vielleicht doch lieber eine verschneite Hüttenhochzeit mit Familie und wenigen engen Freunden?
Reicht ein Tag, oder planen Sie ein ganzes Wochenende ein? Fingerfood oder Fünf-Gang-Menü, DJ oder Band, Hochzeitstauben oder Mitternachtsfeuerwerk? Hochzeit in Deutschland oder am Strand auf den Malediven?

BASICS BUDGETPLANUNG

EXTRA TIPP
Abonnieren Sie alle möglichen Newsletters: Brautmodehersteller, Weinhandel, Reiseveranstalter usw. präsentieren hier oftmals ihre günstigen Angebote.

Möchten Sie nur standesamtlich heiraten oder auch kirchlich? Vielleicht ist die Trauung durch einen freien Theologen für Sie die erste Wahl?

Rahmen und Stil Ihrer Hochzeit sollten Sie ganz am Anfang der Planung festlegen und dann möglichst nicht mehr verändern. Denn diese Eckdaten bestimmen alles Weitere: die Wahl des Termins, die Suche nach der passenden Location, die Anzahl der Gäste und natürlich das notwendige Budget.

3 Den finanziellen Spielraum bestimmen
SPARPOTENZIAL ●●●

Deutsche Paare geben für Hochzeit einschließlich Flitterwochen rund 13.000 Euro aus. Das ist natürlich nur ein Durchschnittswert und ein grober Anhaltspunkt. Es gibt Paare, die heiraten für wenige hundert Euro, andere genehmigen sich ein Budget, für das sie auch einen gut ausgestatteten Mittelklassewagen kaufen könnten.

Und wie viel darf Ihre Hochzeit kosten? Klären Sie das am besten an einem gemütlichen Abend unter vier Augen. Wichtig

Fotos: iStockphoto, © Marc Dietrich | Dreamstime.com

Wer zahlt eigentlich was rund um die Hochzeit?

Früher war es üblich, dass der Brautvater fast die kompletten Kosten übernahm. Das lag daran, dass die Töchter oft keine qualifizierte Ausbildung bekamen und stattdessen zu Hause mitarbeiten mussten. Weil der Vater nun seine Tochter an den Mann bringen wollte, bezahlte er notgedrungen die Hochzeit.

Längst genießen Frauen eine gute Ausbildung und können für den eigenen Unterhalt sorgen. Viele Brautpaare heiraten zudem in einem Alter, in dem sie finanziell gut situiert sind. Eine Umfrage des Magazins „Hochzeitsplaner" hat ergeben, dass etwa 90 Prozent aller Brautpaare in Sachen Finanzierung auf sich selbst gestellt sind.

So sieht die traditionelle Kostenverteilung aus:
- Braut: Brautschuhe
- Bräutigam: Ringe, Brautstrauß, Geschenk für die Braut, Gebühren, Hochzeitsreise, Reversblumen
- Vater der Braut: Polterabend, kirchliche Trauung, Hochzeitsfeier, Brautkleid, Accessoires, Blumen und Dekoration
- Vater des Bräutigams: Übernachtungskosten für auswärtige Gäste
- Trauzeugen: Junggesell(inn)enabschied, Auslösung der Braut bei der Brautentführung

Die modernere Variante: Beide Elternpaare teilen sich die Kosten für die Bewirtung der Gäste, den Rest zahlt das Brautpaar.

ist nicht nur, ein verfügbares Budget zu bestimmen, sondern auch über die Finanzierung Ihrer Hochzeit zu sprechen. Setzen Sie bei der Budgetplanung unbedingt einen Spielraum nach oben und unten fest. 10 Prozent ist ein guter Richtwert.

Grundsätzlich gilt: Fangen Sie lieber rechtzeitig an zu sparen. Dazu gibt es jede Menge gute Gelegenheiten. Wünschen Sie sich etwa von Ihren Familien zu Weihnachten oder Geburtstagen Geld, das Sie gleich auf ein Hochzeitskonto einzahlen oder in einer Hochzeits-Schatztruhe verstecken. Sinnvoll ist auch, pro Monat eine bestimmte Summe wegzulegen und nicht mehr anzutasten. So entsteht mit der Zeit ein schönes Polster, das Ihnen hilft, Ihre Hochzeitsträume zu verwirklichen, und Ihnen ein sicheres Gefühl gibt.

4 Geld schenken lassen – auch vom Staat

SPARPOTENZIAL ●●●

Geldgeschenke zur Hochzeit liegen im Trend. Etwa 30 Prozent der deutschen Brautpaare nutzen das Geld zur Refinanzierung ihrer Hochzeit. Sie müssen kein schlechtes Gefühl dabei haben, sich anstelle von Geschenken Geld zu wünschen. Im Gegenteil: Viele Gäste werden Ihnen sogar dankbar sein, weil Sie ihnen die Entscheidung über das richtige Geschenk abnehmen. Und Sie selbst werden begeistert sein, wie kreativ und originell sich Geld verpacken lässt.

Auch der Staat kommt Heiratswilligen bei der Kostenplanung entgegen. Ehepaare können bei der Steuererklärung wählen, ob sie sich zusammen oder getrennt veranlagen lassen wollen. Im Normalfall ist die Zusammenveranlagung besser, vor allem wenn ein Partner deutlich mehr verdient als der andere.

Wie viel genau der Staat Ihnen schenkt? Vielleicht mehr, als Sie denken. Wer im Sommer standesamtlich heiratet, kann sich rückwirkend für das ganze Jahr im optimalen Steuermodus veranlagen lassen. Mit den Steuererstattungen lässt sich im Jahr darauf eine kirchliche Hochzeit mit Party finanzieren. Mehr Infos zum Thema Steuern finden Sie bei Tipp 99.

STOLPERSTEIN

Viele Bräute überkommt früher oder später eine Panikattacke in Sachen Hochzeitsplanung. Hier die ersten Anzeichen und eine Abwehrstrategie:
1. Etwa drei Monate vor der Hochzeit beginnen Sie, bereits getroffene Entscheidungen anzuzweifeln.
2. Sie werden nervös und grübeln, was Sie noch besser machen könnten.
3. Sie fragen Freunde, Familie und Arbeitskollegen, was diese über die neuen Ideen denken.
4. Sie beginnen, bereits gebuchte Dienstleistungen und Produkte upzugraden.
Mein Tipp: Bleiben Sie bei Ihrem ursprünglich geplanten Budget! Je näher die Hochzeit rückt, desto emotionaler werden Ihre Entscheidungen. Bleiben Sie stark, und ignorieren Sie Ihre spontanen Eingebungen.

BASICS BUDGETPLANUNG

EXTRA TIPP

In diesen Büchern finden Sie umfangreiche Checklisten und Tipps:
- „PinkBride's Handbuch für unsere perfekte Hochzeit" von Gräfe und Unzer. Preis: 24,99 Euro
- „Hochzeits-Kalender" von Perfect Day. Preis: 15,95 Euro
- „Unser Hochzeits-Planer. Der Countdown zum Glück" von Gräfe und Unzer. Preis: 12,90 Euro

5 Rechtzeitig mit der Planung beginnen
SPARPOTENZIAL ●●●

Nehmen Sie sich genügend Zeit vor Ihrer Hochzeit, und planen Sie in aller Ruhe. Zwischen sechs und zwölf Monate investieren 75 Prozent aller deutschen Paare für die Planung. Das reicht im Normalfall auch. Wer sich weniger Zeit nimmt, muss oftmals draufzahlen. Vom Planungsstress ganz zu schweigen, der verhindert, dass alle Beteiligten bei der Hochzeitsvorbereitung Spaß haben.

Clevere Sparer verschaffen sich erst einmal einen guten Marktüberblick. Vergleichen Angebote. Verhandeln in Ruhe mit Dienstleistern. Recherchieren nach der richtigen Band und der perfekten Location. Besuchen Hochzeitsmessen.

Ein weiterer positiver Aspekt: Je mehr Zeit, desto mehr Möglichkeiten bestehen, Schlussverkäufe und Sonderangebote wahrzunehmen. Eine Orientierungshilfe zur zeitlichen Koordination finden Sie ab Seite 58 ❶ Checkliste Terminplanung.

6 Freunde und Verwandte einbinden
SPARPOTENZIAL ●●●

Es zeigt sich immer wieder, dass gute Planung und die Verteilung der Aufgaben viel Stress, Frust und vor allem auch unnötige Kosten ersparen können. Eine große Feier gemeinsam zu gestalten ist wesentlich entspannter, als sich alles allein aufzubürden. Holen Sie sich also Hilfe. Geben Sie Eltern, Geschwistern und Freunden die Möglichkeit, sich für Sie und Ihre Hochzeit zu engagieren.

Warum Blumengestecke kaufen, wenn eine gute Freundin gelernte Floristin ist und Ihnen die Blumendekoration zum Einkaufspreis erstellt? Warum ein teures Dessert-Buffet bestellen, wenn die Tanten gern backen? Warum Künstler engagieren, wenn Ihr Schulfreund in einer Band spielt? Auch eine Musik- oder Gesangseinlage kommt bei den Hochzeitsgästen immer gut an. Wahrscheinlich werden sich die angesprochenen Personen sogar gern bereit erklären mitzumachen, sich freuen, zum Gelingen Ihrer Feier beitragen zu können.

Eine andere Idee ist, sich Sonderwünsche erfüllen zu lassen. Warum sollten sich nicht einige Verwandte oder Freunde zusammenschließen und als Gemeinschaftsgeschenk die Kosten für das musikalische Rahmenprogramm übernehmen? Oder aber Sie lassen sich von einer Gruppe die Kirchendekorationen oder die Fahrt im Hochzeitsauto schenken.

7 Gute Organisation spart Zeit und Geld
SPARPOTENZIAL ●●●

Organisiert zu sein ist der beste Weg, um Geld zu sparen – das gilt nicht nur für Hochzeiten, aber eben auch hier. Nutzen Sie Checklisten für Termin- und Budgetplanungen, und versuchen Sie, sich daran zu halten. Legen Sie einen Ordner an, in dem Sie alle Informationen aufbewahren (etwa Adressen, Kontakte, Termine, Ideen). So ersparen Sie sich unnötigen Suchstress. Nutzen Sie einen Terminplaner mit Checklisten. Hier lassen sich alle Informationen und Ideen festhalten. Und zwar sofort. Auch wenn Sie denken, dass Sie das später noch erledigen könnten. Der Terminkalender sollte immer griffbereit sein, vor allem in der heißen Planungsphase. Alternative: ein Smartphone mit Notizbuch und Kalender, etwa ein Blackberry oder ein iPhone. Damit lassen sich komfortabel Termine verschicken und Kontakte archivieren.

Wichtig ist – egal ob über Handy oder Internet –, dass Sie sich mit allen Beteiligten vernetzen. Das geht am besten über eine Hochzeits-Website, einen Hochzeits-Blog oder auch über soziale Netzwerke wie Facebook 🌀 www.facebook.com, Myspace 🌀 www.myspace.com oder Mein Verzeichnis 🌀 www.meinvz.net. Hier lässt sich der Stand der Vorbereitungen dokumentieren. Hier können Termine, E-Mails, To-do's schnell per Mausklick organisiert werden. Schicken Sie einen Terminplan und eine To-do-Liste an alle Beteiligten, damit jeder genau weiß, was er wann zu tun hat.

STOLPER-STEIN

Natürlich denken Sie während der Planungsphase nicht im Traum daran, dass etwas Ihrer Hochzeit im Wege stehen könnte. Was aber im Fall der Fälle? Was, wenn Sie erkranken, ein Veranstalter vor der Hochzeit Insolvenz anmeldet, die Trauringe vor der Hochzeit verloren gehen?

Falls Sie sich absichern möchten, können Sie Ihre Hochzeit versichern lassen, wie es in England und den USA üblich ist. Die Versicherung trägt im Worst Case alle mit der Absage verbundenen Kosten bis zur Höhe der jeweiligen Versicherungssumme.

Bereits ab einer einmaligen Prämie in Höhe von 129 Euro können Sie Ihre Hochzeitsfeier im Wert von 5.000 Euro versichern. Mehr Infos unter **www.hochzeitsversicherung.de**.

BASICS BUDGETPLANUNG

PERSÖNLICHE NOTE

Ein Moodboard ist ein Arbeits- und Präsentationsmittel für Designer, Architekten, Innenarchitekten und Filmindustrie. Es lässt sich aber auch prima für die Planung Ihrer Hochzeit einsetzen, denn mit dem Moodboard merken Sie schnell, was zusammenpasst und was nicht. Der Gesamteindruck hilft Ihnen, Entscheidungen zu treffen und Fehlkäufe zu vermeiden. Sammeln Sie hierfür Bilder, Skizzen, Materialien, Farbkarten und Begriffe, die die Atmosphäre Ihrer Traumhochzeit beschreiben. Das Moodboard können Sie schnell selbst erstellen, Sie benötigen hierfür lediglich eine Styroporplatte oder Pinnwand und Pinnnadeln.

8 Preise und Angebote genau prüfen
SPARPOTENZIAL ●●●

Das Teuerste und Aufwendigste ist nicht automatisch das für Sie Beste. Überlegen Sie, ob die gewählten Produkte auch in Ihr Gesamtkonzept passen. Was brauchen Sie tatsächlich, und was passt zusammen? Das gilt besonders für die Dekoration, aber auch für Accessoires wie Ringkissen oder Hochzeitstorte. Viele Brautpaare müssen Fehlkäufe wieder billig verkaufen und machen damit natürlich Verlust.

Kaufen Sie nicht beim günstigsten Anbieter, sondern holen Sie sich verschiedene Angebote ein, vergleichen Sie Konditionen und das Preis-Leistungs-Verhältnis. Vielleicht ist Fotograf A um 30 Prozent günstiger als Fotograf B, bietet aber wesentlich weniger. Am Ende fehlt genau das, was Sie sich eigentlich gewünscht haben. Überprüfen Sie auch, ob alle eventuell anfallenden Kosten berücksichtigt sind, und lassen Sie sich die Angebote schriftlich geben. Mit Dienstleistern sollten Sie nur schriftliche Verträge abschließen. So vermeiden Sie unangenehme Überraschungen, wenn die Rechnung ins Haus flattert.

9 Ausgaben regelmäßig checken
SPARPOTENZIAL ●●●

Den besten Überblick behält, wer alle Ausgaben sofort in ein Hochzeitsnotizbuch notiert. Das Geld, das Sie bereits ausgegeben haben, sollten Sie spätestens alle zwei Monate zusammenrechnen und mit dem verfügbaren Budget abgleichen. So können Sie im Fall der Fälle schnell gegensteuern, wenn die Ausgaben aus dem Ruder laufen. Hierfür können Sie auch die ❶ Checkliste Budgetplanung ab Seite 16 nutzen.

Auch die kleinen Posten sollten Sie aufschreiben, denn diese können sich am Schluss schnell zu einer größeren Summe zusammenrechnen. Unbedingt alle Quittungen und Rechnungen aufbewahren. Das hilft Ihnen, während der Planung die Ausgaben im Überblick zu behalten, und kann nach der Hochzeit bei eventuellen Reklamationen nützlich sein.

10 Bloß nicht alles neu kaufen
SPARPOTENZIAL ●●●

„Something old, something new, something borrowed, something blue, and a lucky six-pence in your shoe." Auf Deutsch: „Etwas Altes, etwas Neues, etwas Geliehenes, etwas Blaues und einen Glückspfennig im Schuh." Ein schöner englischer Hochzeitsbrauch, der auch in Deutschland in Mode ist.

„…etwas Geliehenes…": das inspiriert auch bei der Ausstattung Ihrer Hochzeit. Es gibt unzählige Dinge, die von Freunden oder Verwandten, die vor Kurzem geheiratet haben, geliehen und wieder verwendet werden können.

Einige Beispiele: Kuchenmesser, Blumenmädchen-Körbe, Kerzenhalter, Girlanden, Autoschmuck, Geschirr, Gläser, Geschenkkörbe, Blumenvasen, aber auch Brautaccessoires wie Handschuhe, Tasche oder Reifrock. Seien Sie nicht zu stolz, um solche Gegenstände zu bitten. Ihre Familie und Freunde möchten miteinbezogen werden und freuen sich bestimmt darüber, wenn sie so einfach ein Teil Ihrer Hochzeit werden können. Dass die geliehenen Accessoires in gutem Zustand zurückgegeben werden sollten, ist selbstverständlich.

Die besten Tipps für erfolgreiches Verhandeln

Mark Twain sagt „Wer nicht weiß, wo er hinwill, darf sich nicht wundern, wenn er woanders ankommt." Gehen Sie also mit konkreten Zielen auf Shopping-Tour. Hier einige Grundregeln für erfolgreiches Verhandeln:

- Bereiten Sie sich vor. Holen Sie Vergleichsangebote ein, damit Ihr Gegenüber weiß, dass Sie sich auf dem Markt auskennen. Sie werden sich dann auch sicherer in der Verhandlung fühlen.
- Fallen Sie nicht mit der Tür ins Haus – alles, was den Eindruck eines orientalischen Basars vermittelt, gilt bei Verkäufern als verpönt.
- Sie müssen nicht mit dem ersten Preis zufrieden sein, den der Verkäufer Ihnen nennt. In jeder Branche ist der Preis verhandelbar – Preisnachlässe oder Reduzierungen sind durchaus üblich.
- Wenn Sie den Preis nicht senken können, fragen Sie nach besseren Konditionen, etwa Lieferung frei Haus oder kostenloses Zubehör. Und dabei brauchen Sie kein schlechtes Gewissen zu haben.
- Fragen Sie nach der Möglichkeit, bei Barzahlung 2 bis 3 Prozent Rabatt zu erhalten. Schließlich spart der Händler bei Barzahlung Gebühren, die sonst das Kartenunternehmen kassieren würde. Falls nicht, zahlen Sie mit Kreditkarte, dann hat Ihr Konto wenigstens noch einen Monat Schonfrist, und Sie sammeln gegebenenfalls Bonuspunkte bei Ihrem Kreditkartenunternehmen.

CHECKLISTE
BUDGETPLANUNG

	Ø BUDGET	GEPLANTE KOSTEN	TATSÄCHLICHE KOSTEN
VERLOBUNG			
Essen & Getränke	ab 30 € p. P.		
Verlobungsring	ab ca. 300 €		
Verlobungsanzeige	ab 50 €		
Sonstiges			
Sonstiges			
Sonstiges			
Gesamtkosten			
DOKUMENTE & FORMALITÄTEN			
Anmeldung zur Eheschließung	ab 40 €		
Abschrift des Familienbuches	ab 8 €		
Neuer Personalausweis mit gemeinsamem Ehenamen	ab 8 €		
Neuer Reisepass mit gemeinsamem Ehenamen	ab 59 €		
Familienstammbuch	ab 20 €		
Gebühren für Trauung an Wochenenden/Feiertagen	ab 100 €		
Versicherung			
Anwaltsgebühren für Ehevertrag			
Notargebühren für Ehevertrag			
Sonstiges			
Sonstiges			
Sonstiges			
Gesamtkosten			
POLTERABEND			
Einladungen			
Speisen	ab 10 € p. P.		
Getränke	ab 10 € p. P.		
Raummiete			
Knabberartikel			
Servicepersonal			
Lichtanlage			
Dekoration			
Geschirr, Besteck, Gläser			
DJ			
Showeinlagen			
Reinigungsservice			
Sonstiges			
Sonstiges			
Sonstiges			
Gesamtkosten			

	Ø BUDGET	GEPLANTE KOSTEN	TATSÄCHLICHE KOSTEN
STANDESAMTLICHE TRAUUNG			
Raumkosten			
Musik Standesamt	ab ca. 50 €		
Sektempfang nach der Trauung	ca. 4,50 € p. P.		
Kanapees Gäste	ab ca. 2 € p. St.		
Essen mit den Gästen	ca. 30 € p. P.		
Kaffeetrinken mit den Gästen			
Sonstiges			
Sonstiges			
Sonstiges			
Sonstiges			
Gesamtkosten			
KIRCHLICHE TRAUUNG			
Eheseminar	ca. 30 € p. Paar		
Sektempfang nach der Trauung	ca. 4,50 € p. P.		
Kanapees Gäste	ab ca. 2 € p. St.		
Schleifen für Autos der Gäste			
Kirchenspenden	ab 30 €		
Gebühr freier Theologe	ab 500 €		
Organist	ab 50 €		
Chor	ab ca. 500 €		
Weiße Tauben	ab ca. 150 €		
Sonstiges			
Sonstiges			
Sonstiges			
Sonstiges			
Sonstiges			
Gesamtkosten			
HOCHZEITSFEIER			
Hochzeitsplaner			
Location: Tipps vom Hochzeitsplaner			
Tanzkurs	ca. 60 € p. P.		
Raummiete			
Restaurant: Menü	ab 35 € p. P.		
Restaurant: Getränke	ab 30 € p. P.		
Buffet: Catering	ab 30 € p. P.		
Miete Zelt			
Eigene Getränke			
Miete Geschirr, Besteck, Gläser	ab 1,50 € p. P.		
Servicepersonal	ca. 20 € p.P./p. h.		
Kaffee und Kuchen			

	Ø BUDGET	GEPLANTE KOSTEN	TATSÄCHLICHE KOSTEN
Hochzeitstorte	ab 180 €		
Mitternachtsimbiss	ca. 4,50 € p. P.		
Lichtanlage			
Trinkgeld für Servicepersonal	5–10 %		
Reinigungsservice			
Trinkgeld für Reinigungspersonal			
Hochzeitssuite			
Sonstiges			
Sonstiges			
Sonstiges			
Sonstiges			
Sonstiges			
Gesamtkosten			
GÄSTE			
Gastgeschenke	ca. 0,50 € p. P.		
Hotel Gäste			
Pension Gäste			
Anreise Gäste			
Gesamtkosten			
FASHION & BEAUTY			
Braut: Kleid	ca. 900 €		
Braut: Änderungskosten	ab 75 €		
Braut: Schleier	ab 50 €		
Braut: Reifrock	ab 50 €		
Braut: Tasche/Brautbeutel	ab 30 €		
Braut: Hut	ab 100 €		
Braut: Haarschmuck	ab 30 €		
Braut: Handschuhe	ab 30 €		
Braut: Strumpfband	ab 10 €		
Braut: Schuhe	ab 100 €		
Braut: Dessous	ab 120 €		
Braut: Accessoires			
Braut: Sonstiges			
Braut: Sonstiges			
Bräutigam: Anzug	ab 400 €		
Bräutigam: Hut/Zylinder	ab 170 €		
Bräutigam: Schuhe	ab 120 €		
Bräutigam: Hemd	ab 80 €		
Bräutigam: Strümpfe und Gürtel			
Bräutigam: Krawatte/Fliege	ab 30 €		
Bräutigam: Plastron mit Einstecktuch	ab 25 €		

	Ø BUDGET	GEPLANTE KOSTEN	TATSÄCHLICHE KOSTEN
Bräutigam: Manschettenknöpfe	ab 20 €		
Bräutigam: Kummerbund, Fliege & Einstecktuch	ab 40 €		
Bräutigam: Einstecktuch	ab 10 €		
Bräutigam: Sonstiges			
Bräutigam: Sonstiges			
Standesamt: Kleid Braut	ab 200 €		
Standesamt: Accessoires Braut			
Standesamt: Schuhe Braut	ab 100 €		
Standesamt: Anzug Bräutigam	ab 400 €		
Standesamt: Hemd Bräutigam	ab 80 €		
Standesamt: Schuhe Bräutigam	ab 120 €		
Standesamt: Sonstiges			
Standesamt: Sonstiges			
Braut: Friseur	ab 85 €		
Braut: Make-up	ab 70 €		
Braut: Kosmetik			
Braut: Massage			
Braut: Maniküre	ab 25 €		
Braut: Pediküre	ab 20 €		
Bräutigam: Friseur	ab 25 €		
Massage für Braut & Bräutigam			
Reinigungskosten Garderobe	ab 50 €		
Sonstiges			
Sonstiges			
Sonstiges			
Sonstiges			
Sonstiges			
Sonstiges			
Gesamtkosten			
ACCESSOIRES			
Eheringe: günstige Preisklasse	ab ca. 300 €		
Eheringe: mittlere Preisklasse	ab ca. 600 €		
Eheringe: hohe Preisklasse	ab ca. 2.000 €		
Ringkissen	ca. 15 €		
Traukerze	ab 40 €		
Körbchen für Streublumen	ab 7 €		
Kleidung Blumenkinder	ab 40 €		
Kleidung Brautjungfern			
Sonstiges			
Sonstiges			
Gesamtkosten			

	Ø BUDGET	GEPLANTE KOSTEN	TATSÄCHLICHE KOSTEN
EINLADUNG & CO			
Save the Date	ab 1,50 € p. St.		
Porto Save the Date	ab 0,45 € p. St.		
Druck Einladung	ab 1,50 € p. St.		
Druck Antwortkarten	ab 1 € p. St.		
Anfahrtsplan			
Porto Einladung	ab 0,55 € p. St.		
Programmhefte Kirche	ab 1 € p. St.		
Menükarten	ab 2,00 € p. St.		
Tischkarten	ab 0,80 € p. St.		
Namensschilder für Gäste			
Druck Danksagungskarten	ab 1,00 € p. St.		
Porto Danksagungskarten	ab 0,55 € p. St.		
Erstellung Hochzeitshomepage	ab 50 €		
Hochzeitsanzeige in der Zeitung			
Gästebuch	ab 20 €		
Sonstiges			
Sonstiges			
Sonstiges			
Sonstiges			
Gesamtkosten			
FOTO, VIDEO & MUSIK			
Fotograf: Standesamt			
Fotograf: Kirche			
Fotograf: Offizielle Hochzeitsfotos			
Fotograf: Feier			
Fotograf: Fahrtkosten			
Fotograf: Materialkosten			
Fotograf: Sonstiges			
Fotograf: Sonstiges			
Fotoabzüge für die Gäste			
Quick-Snaps			
Kosten Bildentwicklung			
Hochzeitsalbum			
Videofilmer: Kirche			
Videofilmer: Feier			
Videofilmer: Fahrtkosten			
Videofilmer: Filmschnitt			
Videofilmer: CDs/DVDs			
Videofilmer: Sonstiges			
Videofilmer: Sonstiges			

	Ø BUDGET	GEPLANTE KOSTEN	TATSÄCHLICHE KOSTEN
Musik: DJ	ab 30 € p. h.		
Musik: Band (pro Musiker)	ab 50 € p. h.		
Musik: Alleinunterhalter	ab 40 € p. h.		
Bewirtung Musiker			
Showeinlage 1			
Showeinlage 2			
Musik: Sonstiges			
Musik: Sonstiges			
Gesamtkosten			
BLUMEN & DEKORATION			
Brautstrauß Standesamt	ab 40 €		
Brautstrauß Kirche	ab 75 €		
Wurfstrauß	ab 25 €		
Trauzeuginnenstrauß	ab 25 €		
Blumencorsagen	ab 15 €		
Dekoration Standesamt			
Dekoration Sektempfang			
Brautkranz			
Streublumen			
Fahrzeugdekoration Standesamt			
Fahrzeugdekoration Kirche			
Altargesteck Kirche			
Bankdekoration Kirche			
Eingangsdekoration Kirche			
Raumdekoration Location			
Tischdekoration Location (pro Tisch)	ca. 45 €		
Sonstiges			
Sonstiges			
Sonstiges			
Sonstiges			
Gesamtkosten			
TRANSPORT			
Hochzeitskutsche	ab 200 € p.h.		
Oldtimer / Limousine	ab 100 € p.h.		
Taxen für Gäste			
Bus für Gäste			
Sonstiges			
Sonstiges			
Sonstiges			
Sonstiges			
Gesamtkosten			

	Ø BUDGET	GEPLANTE KOSTEN	TATSÄCHLICHE KOSTEN
FLITTERWOCHEN			
Pauschalangebot			
Flug/Fahrt			
Unterkunft			
Mietwagen			
Taschengeld			
Reisezubehör			
Essen und Getränke			
Ausflüge/Programm			
Shopping			
Impfungen			
Versicherungen			
Sonstiges			
Sonstiges			
Sonstiges			
Sonstiges			
Sonstiges			
Sonstiges			
Sonstiges			
Gesamtkosten			
GESCHENKE			
Morgengabe			
Geschenk für Braut			
Geschenk für Bräutigam			
Trauzeugen			
Blumenkinder			
Helfer			
Sonstiges			
Sonstiges			
Sonstiges			
Sonstiges			
Gesamtkosten			
KLEINIGKEITEN			
Sonstiges			
Sonstiges			
Sonstiges			
Sonstiges			
Sonstiges			
Sonstiges			
Sonstiges			
Gesamtkosten			

	Ø BUDGET	GEPLANTE KOSTEN	TATSÄCHLICHE KOSTEN
BUDGETPLANUNG - ZUSAMMENFASSUNG			
Verlobung			
Dokumente & Formalitäten			
Polterabend			
Standesamtliche Trauung			
Kirchliche Trauung			
Hochzeitsfeier			
Gäste			
Fashion & Beauty			
Accessoires			
Einladung & Co			
Foto, Video & Musik			
Blumen & Dekoration			
Transport			
Flitterwochen			
Sonstiges			

GESAMTKOSTEN			
Geplantes Budget			
Tatsächliche Kosten			
Abweichung			

DIE ERSTEN SCHRITTE

- Hochsaison meiden
- Teure Tage, günstige Tage
- Catering-Tipps
- Jawort am Nachmittag
- Gartenhochzeit
- Günstige Quartiere

DIE ERSTEN SCHRITTE

Wann wird geheiratet? Die Terminfrage steht ganz am Anfang der Planung. Doch jede Saison, jeder Tag, jede Uhrzeit hat ein eigenes Preisschild. Restaurant oder Catering. Kirche und Standesamt an einem Wochenende oder am gleichen Tag. Jawort zu Hause oder im Ausland. Solche Stilfragen werden schnell auch zu Budgetfragen.

- Beim Restaurant auf Details achten
- Standesamt & Kirche an einem Tag
- Gästeliste kürzen
- Im Urlaub heiraten

DIE ERSTEN SCHRITTE

11 Die Hochsaison lieber meiden
SPARPOTENZIAL ●●●

Im späten Frühjahr und Sommer ist Hochzeits-Hochsaison. Bei vielen Dienstleistern herrscht Hochbetrieb. Auch die Preise sind hoch. Es empfiehlt sich deshalb, auf andere Jahreszeiten auszuweichen.

Eine Hochzeit im Herbst hat einen ganz besonderen Charme. Es gibt eine große Auswahl an Früchten und Gemüse, an Blumen und Dekorationsmöglichkeiten. Zudem sind die meisten Gäste aus dem Urlaub zurück und können an Ihrer Feier teilnehmen. Im späten Herbst sollten Sie allerdings auf schlechteres Wetter, Regen und Kälte vorbereitet sein.

Die Wintermonate sind zwar kälter, aber die Atmosphäre in verschneiten Winterlandschaften ist einzigartig. In der glitzernden Winterwelt können Sie passend zu den Farben Weiß, Silber und Eisblau ein traumhaftes Fest feiern. Die Wartezeiten in den Standesämtern sind kürzer. Sie haben bei vielen Locations freie Terminwahl. Und Winterhochzeiten bieten noch einen entspannenden Vorteil: Da sowieso jeder mit nassem Wetter rechnet, freuen sich alle umso mehr, wenn doch die Sonne scheint. Wer in der Weihnachtszeit oder an Silvester heiraten will, hat allerdings wieder Preise wie im Hochsommer.

STOLPER-STEIN

Bei aller Planung dürfen Sie die Terminkalender Ihrer Hochzeitshelfer nicht übergehen. Sprechen Sie den geplanten Hochzeitstermin mit Ihren Eltern und Trauzeugen ab. Denn diese sind in die Planung des Events oftmals am meisten involviert.

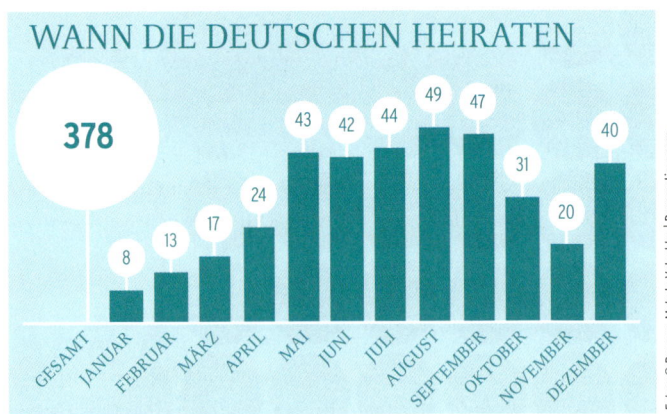

WANN DIE DEUTSCHEN HEIRATEN

GESAMT	JANUAR	FEBRUAR	MÄRZ	APRIL	MAI	JUNI	JULI	AUGUST	SEPTEMBER	OKTOBER	NOVEMBER	DEZEMBER
378	8	13	17	24	43	42	44	49	47	31	20	40

Deutschland 2009, Angabe in Tausend; Quelle: Statistisches Bundesamt

So viel kostet die standesamtliche Trauung

Die Kosten für das Standesamt lassen sich nicht pauschal beziffern. Sie hängen von vielen Fragen ab, etwa wie viele Urkunden benötigt werden oder in welchem Bundesland geheiratet wird. Zudem kann seit 1.1.2009 jedes Bundesland die Gebühren für das Standesamt selbst festlegen, daraus ergeben sich unterschiedliche Preise. Während die Anmeldung zur Eheschließung in Hamburg 40 Euro kostet, erhebt Bayern mit 50 Euro die höchste Gebühr. Infos unter www.standesbeamte.de. Hier ein Auszug aus den Standesamtgebühren (Bayerisches Kostengesetz, Stand 1.1.2009, o.G.):
- Prüfung der Ehefähigkeit nach deutschem Recht: 50 Euro
- bei Beachtung ausländischen Rechts zusätzlich je Verlobten: 20 Euro
- Führung eines Doppelnamens: 25 Euro
- Eheurkunde: 10 Euro
- Trauung außerhalb der Öffnungszeiten: 70 Euro
- Eheschließung vor einem anderen als dem zuständigen Standesamt: 40 Euro
- Stammbuch der Familie: 20 Euro bis 30 Euro

Achtung: Die Kosten für einen externen Raum außerhalb des Standesamtes können mit bis zu 300 Euro berechnet werden. Trauungen am Samstag oder Sonntag können mit extra Kosten bis zu 165 Euro zu Buche schlagen.

12 Teure Tage, günstige Tage
SPARPOTENZIAL ●●●

Der beste Tag für eine Hochzeit ist Samstag. Alle haben Zeit, können ausschlafen und in Ruhe an- und abreisen. Das wissen auch Dienstleister und erhöhen am Wochenende gern die Preise. Auch Standesämter verlangen Wochenend-Zuschläge.
Das Gleiche gilt für Schnapszahlen (etwa 11.11.2011) und den Valentinstag. Auch an Feiertagen, etwa dem 1. Mai, kann es aufgrund der höheren Nachfrage bei vielen Dienstleistern zu Engpässen kommen. Ebenfalls wichtig: Standesbeamte müssen sich an solchen Tagen bei den Trauungen mehr beeilen.
MEIN TIPP: Die Anmeldung zur standesamtlichen Trauung ist frühestens sechs Monate vorher möglich – wenn es also ein Feiertag oder Samstag sein soll, unbedingt rechtzeitig buchen.

13 Jawort erst am Nachmittag
SPARPOTENZIAL ●●●

Auch in Deutschland können Sie am Sonntag standesamtlich heiraten. Dafür nehmen die meisten Standesämter allerdings einen Aufpreis. Alle Informationen finden Sie bei www.hochzeit-blog.de.

Je länger die Hochzeitsfeier dauert, desto mehr Budget müssen Sie für Speisen und Getränke, Entertainment, Miete fürs Hoch-

DIE ERSTEN SCHRITTE

EXTRA TIPP

Wenn Sie viele Gäste einladen möchten, empfiehlt sich eine Polterhochzeit. Die Polterhochzeit ist eine Mischung aus Polterabend und der eigentlichen Hochzeit. Hierbei kommen die Gäste aber nicht zu einem extra Termin zum Poltern vorbei, sondern am Tag der Hochzeit. Der Vorteil einer Polterhochzeit ist der, dass man nicht zweimal alle Gäste zu versorgen hat und trotzdem nicht aufs Poltern verzichten muss.

zeitsauto etc. einplanen. Hierzu gibt es bewährte Alternativen: Wenn Sie sich erst um 17 Uhr das Jawort geben, können Sie im Anschluss nur einen Sektempfang veranstalten. So sparen Sie Mittagessen und Kaffee. Oder aber Sie veranstalten nach der Trauung einen Sektempfang mit Fingerfood-Buffet. Dafür müssen Sie mit ca. 10 bis 15 Häppchen pro Gast rechnen. Anschließend verabschieden Sie sich und gehen im engsten Familienkreis essen. Viele Brautpaare beginnen die eigentliche Hochzeitsfeier erst gegen 20 Uhr und ersetzen das Dreigangmenü durch leckeres Fingerfood und Desserts.

MEIN TIPP: Es ist nicht ungewöhnlich, zu einer bestimmten Uhrzeit die Bar zu schließen. So halten sich die Kosten und der Alkoholkonsum der Gäste in Grenzen.

14 Beim Restaurant auf Details achten
SPARPOTENZIAL ●●●

Die Suche nach dem Ort, an dem Sie heiraten und feiern möchten, kann sehr zeitaufwendig sein. Wenn Sie den perfekten Ort gefunden haben, sollten Sie sich eine Reihe wichtiger Fragen stellen: Können die Hochzeitsgäste in der Nähe übernachten? Gibt es ausreichend Parkplätze für die Gäste? Ist die Bühne für die Band ausreichend groß? Bleibt noch genügend Tanzfläche für Ihre Gäste übrig? Muss nach der Feier ein Transport für die Gäste organisiert werden? Gibt es eine Honeymoon-Suite, und ist diese im Komplettpaket inbegriffen? Gibt es eine Kirche in der Nähe? Wie weit ist das Standesamt entfernt? Eine Entscheidungshilfe, die alle wichtigen Fragen berücksichtigt, finden Sie auf Seite 34/35 ❶ Checkliste Location.

Wenn Sie im Restaurant „All-inclusive" buchen, achten Sie unbedingt auf versteckte Kosten! Sind technische Geräte wie Musikanlage, Beamer oder Leinwand zusätzlich zu bezahlen? Ist die volle Personenpauschale fällig, wenn angemeldete Gäste nicht erscheinen? Fällt Korkgeld für mitgebrachte Alkoholika, Tellergeld für die mitgebrachte Hochzeitstorte an? Gibt's eine extra Miete, zum Beispiel für Nebenräume?

Fotos: © Photoroller | dreamstime.com

Auch der Punkt Zeitüberschreitung ist wichtig. In der Regel sind Raum und Servicepersonal nur bis zu einem bestimmten Zeitpunkt im Preis inbegriffen. Open End wird so gut wie nie angeboten, und die ungeplante Verlängerung der Feier kann sehr schnell sehr teuer werden. Fragen Sie vor der Buchung der Location nach, mit welchen Zusatzkosten Sie rechnen müssten. Klären Sie vorab auch das Thema Trinkgelder, denn diese werden die Ausgaben nach oben treiben. Sinnvoll ist es, für alle betroffenen Dienstleister Trinkgelder vorab einzukalkulieren und für den Hochzeitstag in Umschlägen bereitzuhalten. Üblich sind rund zehn Prozent. Je nach Qualität des Services auch mehr oder weniger.

15 Catering selbst organisieren
SPARPOTENZIAL ●●●

Wenn Sie nur Räumlichkeiten ohne Catering anmieten und den Partyservice selbst organisieren, ist das meist günstiger als ein Komplettpaket. Möglich ist das in Gemeindesälen, Vereinsheimen oder Kleingartenanlagen. Hier sind die Raummieten günstig, und meistens können Sie die Bewirtung allein gestalten und müssen nicht, wie bei Gaststätten und Restaurants üblich, Essen und Getränke ebenfalls dort bestellen. Achtung: Wenn Sie Geschirr, Gläser und Besteck mieten müssen, kann das schnell teuer werden.

Der angemietete Saal muss nach der Feier aufgeräumt und sauber übergeben werden. Hierfür können Sie ein Putzteam engagieren oder aber eine After-Marriage-Party organisieren. Dazu laden Sie die Gäste ein, bei denen Sie sicher sind, dass sie gern helfen. Verpflegen Sie die Gäste mit dem, was vom Vorabend übrig geblieben ist, und verteilen Sie Besen, Putzeimer und Ähnliches. In so einem Team kann Aufräumen richtig Spaß machen. Und die Kosten für Putzprofis haben Sie auch noch gespart.

MEIN TIPP: Falls Sie eine passende Location zum Mieten suchen, 🌐 **www.partymat.de** schickt kostenlos und unverbindlich Angebote per E-Mail.

INTERNET TIPP

Mit der Location steht und fällt Ihr Hochzeitsfest. Falls Sie nicht die nötige Zeit haben, nach der perfekten Location selbst zu suchen, können Sie für diese Dienstleistung einen Hochzeitsplaner engagieren, der für Sie als Location-Scout fungiert. Die Weddinghelfer in München etwa machen Ihnen fünf bis sieben Vorschläge für einen Preis von 250 Euro. Wenn Sie verbindlich buchen, werden nochmals 140 Euro fällig.
Info unter **www.weddinghelfer.de**.

DIE ERSTEN SCHRITTE

EXTRA TIPP

Informieren Sie unbedingt persönlich alle Nachbarn über das geplante Gartenfest. Am besten, Sie bringen dazu Blumen und eine Flasche Wein mit, so werden Sie niemanden gegen sich aufbringen, wenn die Lautstärke doch höher ist als erwartet.

16 Hochzeit im eigenen Garten feiern
SPARPOTENZIAL ●●●

Eine Gartenhochzeit ist eine günstige und romantische Alternative zur klassischen Hochzeit in einem Restaurant – sie erfordert aber auch etwas Vorbereitungszeit.

Wenn Sie selbst keinen schönen Garten oder Hinterhof haben, fragen Sie Freunde oder Familienangehörige, ob sie in deren Garten feiern dürfen. Sie sollten dabei unbedingt gleich zusichern, dass Sie sich um alle notwendigen Einzelheiten selbst kümmern werden, bis hin zur Endreinigung.

Für die Dekoration können Sie das florale Umfeld perfekt in Szene setzen. Achten Sie darauf, welche Blumen im Garten blühen, und dekorieren Sie die Tische ebenfalls mit diesen Blumen. Gartenfackeln und Lampions runden das romantische Ambiente ab. Tische, Bestuhlung und weiße Hussen können Sie preiswert unter www.feste-feiern-ludwig.de mieten. Und denken Sie auch an ausreichend Gartenschirme, damit die Gäste vor der Sonne geschützt sind.

Ist das Wetter wechselhaft, planen Sie Pavillons mit abnehmbaren Seitenwänden ein. Mehr Infos finden Sie unter www.zelt-koenig.de. Große Pavillons gibt es sogar mit Boden – vorteilhaft, wenn Sie eine Tanzfläche benötigen. Kleinere Pavillons können Sie auch nutzen, um sich dort direkt im Garten trauen zu lassen, etwa von einem freien Theologen.

Bei einer größeren Gästeanzahl sollten Sie Miettoiletten organisieren, damit Ihre Gäste nicht ständig durch das Haus laufen müssen. Für 50 Gäste empfielt sich je eine Toilette. Zu mieten etwa unter www.boxi.de. Der Preis für ein Wochenende inklusive Transport beginnt bei 80 Euro.

Bei einer größeren Gartenhochzeit ist es sinnvoll, ein Vorspeisen- und Beilagenbuffet bei einem guten Cateringservice zu bestellen. Für das Barbecue können Sie Fleisch und Fisch auf einem großen Schwenkgrill zubereiten. Den gibt es etwa bei www.kampen-rentanevent.com (Mietpreis für 3 Tage: 115 Euro). Es werden sich sicherlich begeisterte Griller finden, und ein großer Grill bringt Ihre Gäste schnell miteinander ins Gespräch. Vergessen Sie nicht, an heißen Tagen genügend Kühlungsmöglichkeiten für Speisen und Getränke vorzubereiten.

17 In den Urlaub fahren und heiraten
SPARPOTENZIAL ●●●

Keine Gäste, keine aufwendige Dekoration, keine Kosten für ein langes Entertainment-Programm, stattdessen traumhafte Flitterwochen vor Ort: Es gibt viele Gründe für eine Hochzeit im Ausland. Die Destination Wedding erfordert aber auch Organisation und ein wenig mehr Bürokratie – Sie benötigen Dokumente, Papiere und Urkunden. Je nach Urlaubsziel sollten Sie einen professionellen Hochzeitsplaner engagieren, der Ihnen diese Aufgaben abnimmt. Komplettangebote finden Sie im Internet etwa unter 🌐 www.hochzeit-auf-reisen.com.

Der günstigste und schnellste Weg zum Jawort im Ausland ist immer noch Las Vegas: Mehr als 2.000 Paare aus Deutschland heiraten dort jedes Jahr. Heiratswillige müssen im Marriage Bureau persönlich vorsprechen und die Erteilung der Marriage License beantragen (Gebühr ca. 40 Euro). Lassen Sie sich am besten auch eine beglaubigte Kopie ausstellen, diese benötigen Sie später für die Anerkennung der Ehe in Deutschland. Die Eheschließung kann entweder vom Standesbeamten (Commissioner of Civil Marriages) oder in einer Hochzeitskapelle vollzogen werden. Vorgeschrieben ist in beiden Fällen die Anwesenheit von mindestens einem Trauzeugen. Falls Sie keinen haben, stellen die meisten Kapellen einen Zeugen zur Verfügung, etwa einen Elvis-Presley-Doppelgänger.

Die standesamtliche Trauung verläuft ähnlich wie in Deutschland. Einen Termin müssen Sie jedoch nicht vereinbaren, Sie erhalten einen unterzeichneten Trauschein und sind in 30 Minuten verheiratet (Kosten: ca. 40 Euro).

Die Trauung in einer der über 60 Hochzeitskapellen wird von Pfarrern (Reverends) vollzogen. Sie sind vom Staat Nevada befugt, sowohl zivile als auch religiöse Trauungen vorzunehmen. Die Trauungen werden überkonfessionell durchgeführt. Die

Grundsätzlich können Sie als Deutscher/Deutsche fast überall auf der Welt heiraten. Es gibt nur unterschiedliche Voraussetzungen. So müssen Sie etwa in manchen Ländern zumindest für ein paar Tage vor Ort einen Aufenthalt haben. Detaillierte Informationen zur Heirat im Ausland finden Sie in den vom Bundesverwaltungsamt herausgegebenen Länderinformationsschriften „Deutsche heiraten in …" (für Europa, Asien/Australien, Afrika, Nordamerika, Lateinamerika). Die Broschüren erhalten Sie gegen eine Schutzgebühr bei den Beratungsstellen für Auslandstätige und Auswanderer. Ein Verzeichnis der Beratungsstellen gibt's im Internet unter **www.bundesverwaltungsamt.de**.

DIE ERSTEN SCHRITTE

EXTRA TIPP

Bisher galt: Zuerst Standesamt, dann Kirche. Zum 1. Januar 2009 hat der deutsche Gesetzgeber fast unbemerkt eine Revolution beschlossen: Das neue Personenstandsgesetz ermöglicht, kirchlich zu heiraten, ohne zuvor beim Standesamt eine zivilrechtliche Ehe geschlossen zu haben. Rechtlich gesehen ist dieser Bund allerdings nicht verbindlich!

Kosten liegen bei etwa ab 150 Euro. Infos zu den benötigten Dokumenten finden Sie unter 🪐 www.hochzeit-blog.de.

18 Standesamt & Kirche an einem Tag
SPARPOTENZIAL 🪙🪙🪙

Viele Paare heiraten standesamtlich und kirchlich an zwei aufeinanderfolgenden Tagen. Das bedeutet finanziell und zeitlich doppelten Aufwand. Günstiger ist es, standesamtlich und kirchlich am gleichen Tag zu heiraten. Das ist zwar für das Brautpaar anstrengender, erspart aber das zweite Outfit, einen Brautstrauß, Dekoration und Verpflegung für die Gäste.

Falls das Brautpaar nicht kirchlich heiraten möchte oder kann, gibt es zwei Möglichkeiten: nur die standesamtliche Trauung oder die Trauung durch einen freien Theologen.

Die standesamtliche Trauung kann sehr schön mit Musik und Sektempfang gestaltet werden. Und die Vorteile liegen auf der Hand: Sie sparen Gebühren für Kirche, Kirchenschmuck, Kirchenmusik und Kirchenhefte.

Die Trauung durch einen freien Theologen ist interessant für Paare, die aus der Kirche ausgetreten oder bereits geschieden sind. Auch Paare, die in einer gleichgeschlechtlichen Bindung leben oder nur eine schön gestaltete Zeremonie ohne religiösen Hintergrund haben möchten, wählen freie Theologen. Diese gestalten die Trauung nach Ihren Wünschen. Da freie Theologen kirchenunabhängig arbeiten und in diesem Sinne keine Pfarrer sind, wird die freie Trauung von der Kirche nicht anerkannt. Preise: im Allgemeinen von 500 bis 700 Euro für die Trauung, inklusive zwei Vorab-Terminen. Mehr Infos unter 🪐 www.freie-theologen.de.

19 Kein Stress mit der Gästeliste
SPARPOTENZIAL 🪙🪙🪙

Im Durchschnitt geben deutsche Brautpaare rund 70 Euro für Essen und Getränke pro Gast aus. Dazu kommen Kosten für

Gastgeschenke, Dekoration für weitere Tische, Transport und vieles mehr.

Das Zusammenstellen der Gästeliste kann sehr nervenaufreibend sein. Wie können Sie alle Ihre Freunde, Verwandten und Arbeitskollegen auf eine kleinere Gruppe reduzieren? Was sind die Wünsche oder gar Forderungen der Eltern? Müssen Sie auf bestimmte Personen Rücksicht nehmen?

Erstellen Sie im ersten Schritt eine Liste, in der die Verwandten erfasst werden, mit denen Sie engen Kontakt haben. Danach sollten Sie Ihre besten Freunde auflisten, gefolgt von Bekannten, Kollegen, Nachbarn und entfernten Verwandten. Haben Sie schließlich eine fiktive Gästezahl ermittelt, müssen Sie entscheiden, ob das Budget ausreicht. Neben der Budgetfrage gibt es weitere einschränkende Faktoren: etwa die Größe der Location und eventuell auch der Termin für die Hochzeitsfeier. Falls Sie streichen müssen: Die nicht Eingeladenen sind sicher nicht böse, wenn sie dafür zum Sektempfang nach der Trauung kommen dürfen.

Eine Hilfe für die Vorbereitung kann Ihnen die ❶ Checkliste Gästeplanung auf Seite 46 sein.

20 Günstige Quartiere für Gäste finden
SPARPOTENZIAL ●●●

Die Kosten für Anreise und Übernachtungen Ihrer auswärtigen Gäste müssen Sie nicht übernehmen – das wird von den Gästen selbst bezahlt. Eine schöne Geste ist es, preiswerte Quartiere für Ihre Gäste zu recherchieren. Vielleicht gelingt es Ihnen sogar, private Übernachtungsmöglichkeiten zu organisieren. Schreiben Sie direkt in die Hochzeitseinladung, wo übernachtet werden kann, und legen Sie eine Karte oder eine Skizze bei, in der Quartiere eingetragen sind. Es empfiehlt sich, Alternativen aus verschiedenen Preiskategorien anzubieten – etwa Übernachtung im Privatquartier (gratis), eine günstige Pension (ca. 50 Euro pro Zimmer) und ein schönes Hotel (ab 100 Euro pro Zimmer).

STOLPERSTEIN

Gästeliste kürzen – keine schöne Aufgabe. Hier einige Streich-Tipps:
• Fühlen Sie sich nicht verpflichtet, Single-Gäste mit ihren Partnern einzuladen, obwohl Sie diese gar nicht kennen.
• Setzen Sie sich nicht unter Druck, dass alle Arbeitskollegen eingeladen werden müssen.
• Bitten Sie Ihre Freunde, ohne Kinder zu kommen.
• Sie können ganze Gruppen von Ihrer Gästeliste streichen, wie etwa Verwandte zweiten Grades. Dadurch vermeiden Sie, die Gefühle der Menschen zu verletzen, denn für alle gilt die gleiche Regel.
• Laden Sie niemanden ein, den Sie seit 5 Jahren weder gesprochen noch getroffen haben.
• Überlegen Sie sich gut, ob Sie Exfreunde und -freundinnen wirklich dabeihaben wollen.

CHECKLISTE
LOCATION

	Location 1	Location 2	Location 3
Name der Location			
Adresse			
Ansprechpartner			
Telefonnummer			
E-Mail			
Internet			
Besichtigungstermin			

	JA	NEIN	JA	NEIN	JA	NEIN
Hochzeitswunschtermin frei						
Ambiente passt zur geplanten Feier						
Ausreichend Platz für alle Gäste						
Preisniveau im geplanten Budget						
Ausreichend große Tanzfläche						
Genügend Platz für Band/DJ/Alleinunterhalter/Showeinlagen/Bühne vorhanden						
Erstklassige Küche						
Guter Service						
Gute Verkehrsanbindung						
Parkplätze für Gäste und Hochzeitsfahrzeug vorhanden						
Beschäftigungsmöglichkeiten für Kinder gegeben						
Ältere/Behinderte Gäste können sich in der Lokalität gut bewegen, Aufzug vorhanden						

	Location 1		Location 2		Location 3	
	JA	NEIN	JA	NEIN	JA	NEIN
Richtige Entfernung zum Standesamt / zur Kirche						
Sektempfang vor/in der Lokalität möglich						
Hochzeitsfotos des Brautpaares können in der Nähe der Lokalität gemacht werden						
Komplettservice inkl. Torte und Dekoration im Angebot						
Eigene Dekoration (Blumen, Tischdekoration etc.) möglich						
Freie Auswahl bei den Menüvorschlägen möglich						
Zimmer vorhanden, in dem Musiker und Künstler sich umziehen können						
Kaffee und Kuchen kann auf der Terrasse serviert werden						
Selbst gebackene Kuchen können zum Kaffee mitgebracht werden						
Eigene Getränke können mitgebracht werden						
Bei mitgebrachten Getränken/Speisen fällt Korkgeld / Tellergeld an						
Abrechnung der Getränke erfolgt nach angebrochenen Flaschen						
Cocktails können serviert werden						
Zusätzliche Lokalität für Brautentführung vorhanden						
Mitternachtsimbiss kann serviert werden						
Öffnungszeiten passen zum geplanten Tagesablauf						
Übernachtung für Gäste möglich						
Hochzeitssuite vorhanden						
Gemeinsames Frühstück am nächsten Morgen möglich						

EINLADUNG & CO

- Save the Date
- Schlichte Karten
- Ihre kreative Seite
- Facebook & Blog
- Post oder E-Mail
- Papier & Bänder

EINLADUNG & CO

Eine stilechte Einladung zur Hochzeit ist Pflicht. Aber fühlen Sie sich traditionellen Etiketten nicht zu sehr verpflichtet. Mit der Einladung vermitteln Sie den ersten Eindruck von der Atmosphäre, die Sie sich wünschen. Schlichtes Save the Date, aufwendige Karte, kurze E-Mail oder lässige Facebook-Seite – anything goes.

- Rabatt-Pakete
- Schöne Kirchenhefte
- Stilvoll Danke sagen
- Tisch- & Menükarten

EINLADUNG & CO

21 Save the Date mit kleinem Porto
SPARPOTENZIAL

Wenn noch keine Details Ihrer Hochzeit festgelegt sind, der Termin aber steht, können Sie Save-the-Date-Karten verschicken. Sinn der Karten ist es, alle Gäste frühzeitig, das heißt spätestens sechs Monate vor der Hochzeit, über den Termin zu informieren, damit sie ihn im Kalender blocken können. Wichtig sind Save-the-Date-Karten für alle Brautpaare, die in typischen Ferienzeiten heiraten wollen.

Besonders hübsch und im Porto preiswerter als ein Brief ist ein Foto vom Brautpaar, das Sie an die Gäste schicken. Einfach das Foto auf eine Postkarte kleben. Günstige Fotos gibt es bei www.foto.com (10 x 15 cm für 0,06 Euro pro Bild). Alternative: eine fertige Fotopostkarte. Sie lässt sich im Internet ordern, etwa bei www.ifolor.de (10 Postkarten für 7 Euro).

Wie wäre es, die Save the Dates persönlich zu übergeben? Sie könnten Anlass und Datum auf kleine Tüten (die symbolisch mit Reis gefüllt sind), Steine, Blätter oder Herzluftballons mit einem wasserfesten Stift schreiben. Für die Übergabe eignen sich Familienfeiern, etwa Weihnachten oder Geburtstage.

Nicht ganz so persönlich, aber unschlagbar günstig: Einfach eine Save the Date per E-Mail schicken. Richten Sie hierfür bei Ihrem E-Mail-Provider ein passendes Alias ein, beispielsweise mikeundpetra_heiraten@web.de.

STOLPER-STEIN

Oftmals passiert es, dass Brautpaaren nach dem Versand der Einladungen Gäste einfallen, die sie vergessen haben, aber unbedingt einladen wollen. Ein paar mehr Einladungen zu drucken ist deshalb sinnvoll, mindestens 5 %. Und weil beim Adressieren der Umschläge vielleicht Patzer passieren, sollten auch einige Umschläge zusätzlich geordert werden. Das kostet zwar etwas mehr, ist aber wesentlich günstiger, als eine zweite Miniauflage in Auftrag zu geben.

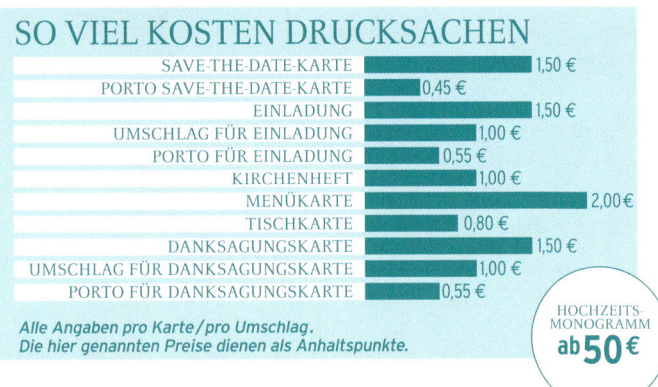

SO VIEL KOSTEN DRUCKSACHEN

SAVE-THE-DATE-KARTE	1,50 €
PORTO SAVE-THE-DATE-KARTE	0,45 €
EINLADUNG	1,50 €
UMSCHLAG FÜR EINLADUNG	1,00 €
PORTO FÜR EINLADUNG	0,55 €
KIRCHENHEFT	1,00 €
MENÜKARTE	2,00 €
TISCHKARTE	0,80 €
DANKSAGUNGSKARTE	1,50 €
UMSCHLAG FÜR DANKSAGUNGSKARTE	1,00 €
PORTO FÜR DANKSAGUNGSKARTE	0,55 €

Alle Angaben pro Karte/pro Umschlag.
Die hier genannten Preise dienen als Anhaltspunkte.

HOCHZEITS-MONOGRAMM ab 50 €

Fotos: www.jiraaf.com

Diese Information müssen Einladungskarten enthalten

- Wo finden die einzelnen Events statt – Standesamt, Kirche, Hochzeitsfeier
- Tagesplan mit genauen Uhrzeiten
- Auswahl verschiedener Übernachtungsmöglichkeiten mit Preisangabe
- Stichtag für Zu- oder Absage (R.S.V.P.), gegebenenfalls mit Antwortkarte
- Dresscode (leger, formell, Gala)
- Geschenkwünsche / -tisch
- Ihre Kontaktdaten
- Telefonnummern der Trauzeugen und / oder des Organisationsteams
- WWW-Adresse der Hochzeitshomepage

Individuellen Anfahrtsplan erstellen
Damit alle Gäste rechtzeitig an Ort und Stelle sind, sollten Sie der Einladung einen Anfahrtsplan beifügen. Online-Routenplaner, wie etwa Google Maps, sind die günstigste und einfachste Variante. Nachdem Sie die Zieladresse eingegeben haben, können Sie die Karte entweder per E-Mail weiter- leiten oder direkt in Ihre Hochzeitshomepage oder in Ihren Hochzeitsblog einbauen. Wenn Ihre Gäste ein internetfähiges Handy nutzen, muss der Anfahrtsplan nicht einmal ausgedruckt werden. Für Gäste, die Internet gar nicht nutzen, können Sie bei Google Maps die Karte ausdrucken und mit der Einladung per Post zuschicken.

22 Entdecken Sie Ihre kreative Seite
SPARPOTENZIAL ●●●

Einladungen, Tischkarten, Kirchenhefte und Danksagungskarten lassen sich am PC mit Standardprogrammen wie Word leicht selbst gestalten. Was Sie hierfür brauchen, sind ein guter Farbdrucker, ein Computer und Zeit für die Gestaltung. Inspiration für das Layout finden Sie in Hochzeitszeitschriften, in Büchern oder im Internet.

Halten Sie alle Drucksachen in einem einheitlichen Stil – etwa durch gleiche Schriftart oder typische Bilder –, und gehen Sie bei der Gestaltung mit dem Einsatz von Schriften sparsam um. Wichtig ist auch die Wahl einer persönlichen Hochzeitsfarbe, denn diese zieht sich wie ein Leitmotiv durch die Hochzeit (Blumen, Drucksachen, Accessoires, Tischdeko).

Besonders stilvoll ist ein Hochzeitsmonogramm, es lässt sich vielseitig verwenden und gibt der Hochzeit eine individuelle Note. „Kalligrafie" ist die Kunst des Schönschreibens von Hand. Wer eine schöne Handschrift hat, kann sich einen professionellen Grafiker sparen und das Monogramm selbst ge-

EINLADUNG & CO

PERSÖNLICHE NOTE

Umschläge mit Ihrer persönlichen Hochzeitsbriefmarke gibt es bei www.plusbrief-individuell.de. Einfach Umschlagformat und Porto auswählen und zur Gestaltung der Marke das gewünschte Foto hochladen. Mindestbestellmenge: 20 Stück. Der Preis hängt von Anzahl, Farbe und Format ab und beginnt für einen DIN-C6-Umschlag bei 1,81 Euro. Ab 100 Stück wird es preisgünstiger.

INTERNET TIPP

Wenn Sie gedruckte Einladungen versenden möchten, suchen Sie sich im Internet einen Anbieter, der Einladungskarten kostenlos offeriert. Sie zahlen hier nur das Porto für den Versand. Etwa unter **www.vistaprint.de**.

stalten. Alternative: die Gestaltung am PC mit einem Grafikprogramm (Empfehlung: Gimp, Download gratis unter www.chip.de), Powerpoint oder auch Word. Viele schöne Schriften finden Sie gratis im Internet zum Download, etwa bei www.myfont.de, www.1001freefonts.com, www.kostenlose-fonts.de. Beachten Sie auf alle Fälle die jeweiligen Lizenzbestimmungen für die Nutzung!

Das Hochzeitslogo kommt übrigens nicht nur auf Ihrer Papeterie perfekt zur Geltung, sondern auch auf Servietten, Gastgeschenken, Ringkissen, Gästebuch oder Stuhlhussen. Manche Brautpaare verwenden ihr Logo sogar für die Hochzeitstorte.

23 Schlichte Karten aufpeppen
SPARPOTENZIAL ●●

Für Ihre Drucksachen können Sie auch schlichte einfarbige Karten verwenden und aufpeppen. Alles, was Sie dazu brauchen, sind ein Stanzer, Bänder und Pergamentpapier in Ihren Hochzeitsfarben. Blankokarten finden Sie günstig unter www.kreativprofi.de (Doppelkarte B6 für 0,22 Euro pro Stück). Motivstanzer, etwa Herzen, Engel oder Blumen, gibt es ab 2,70 Euro unter www.bastel-welt.de. Günstige Bänder gibt es unter www.dekoband.com. Textvorschläge für Ihre Einladungskarten finden Sie bei www.heiratsportal.de.

Vielleicht haben Sie in Ihrem Freundeskreis auch einen Bekannten, der als Grafikdesigner oder Layouter arbeitet. Bitten Sie ihn, eine Vorlage für die Gestaltung zu erstellen, die Sie zum Bedrucken der schlichten Karten verwenden können.

MEIN TIPP: Selbst zu basteln ist nur dann günstiger, wenn Sie nicht zu viele und zu teure Materialien verwenden!

24 Schenken Sie der Post kein Geld
SPARPOTENZIAL ●●●

Einladungskarten können mit Druck und Porto schnell sehr teuer werden. Überlegen Sie daher vorab, wie wichtig es Ihnen ist, dass Ihre Gäste eine besonders schöne Karte bekommen.

Falls es Ihnen nicht ganz so wichtig ist, tut es vielleicht auch eine Online-Einladung (siehe unten, Tipp 25).
Natürlich könnten Sie die Einladungen selbst in die Briefkästen Ihrer Gäste werfen. Wem dieser Aufwand zu hoch ist, kann mit einigen Tricks das Porto minimieren: Verwenden Sie Postkarten ohne Umschlag, der Versand kostet pro Karte nur 0,45 Euro. Vermeiden Sie quadratische Karten, denn diese kosten pro Karte 1,45 Euro Porto (Großbrief). Auch sollten Sie auf das Gewicht achten, denn ein normaler Brief im Format DIN lang über 20 Gramm kostet statt 0,55 Euro bereits 0,90 Euro. Wenn Sie harte Gegenstände – etwa Plastik, Holz oder Geldstücke – beifügen möchten, kann das unter Umständen teurer werden. Müssen die Karten von der Post manuell bearbeitet werden, erhöht das den Preis noch mal.

Sind viele Einladungen zu versenden, können sie als Infobrief versendet werden. Die Mindestmenge beträgt 50 Sendungen, eine Sortierung nach Postleitzahlen ist nicht erforderlich. Sollten Sie die Mindestmenge nicht erreichen, können Sie entsprechend aufzahlen: Hier lohnt es sich, genau nachzurechnen. Einen Portokalkulator der Deutschen Post gibt es unter 🌐 www.portokalkulator.de.

MEIN TIPP: Erstellen Sie eine Mustereinladung, und lassen Sie diese bei Ihrer Post wiegen. Fragen Sie dort nach Möglichkeiten, das Porto zu minimieren. Zu diesem Zeitpunkt können Sie die Einladung noch bequem optimieren.

STOLPERSTEIN

Sie wären überrascht, wie viele Brautpaare Schreibfehler in ihrer Einladung erst nach dem Drucken finden und daher die Einladung korrigieren und nochmals drucken lassen müssen. Suchen Sie sich deshalb einen zuverlässigen Lektor für Ihre Drucksachen. Das kann ein Familienmitglied, ein Arbeitskollege oder auch ein Freund sein. Und checken Sie vorher ganz genau sämtliche Details: Namen, Adressen, Datum, Uhrzeiten etc.

25 Facebook, E-Mail oder Blog nutzen
SPARPOTENZIAL 🪙🪙🪙

Sie können Ihre Einladung auch gratis über das Internet versenden, etwa unter 🌐 www.einladung.net. Diese Dienste bieten verschiedene Designvorlagen an, sie importieren automatisch Ihre E-Mail-Adressen aus Ihrem E-Mail-Programm und erlauben es sogar, Gäste online zu verwalten.

Eine gute Möglichkeit, Freunde und Gäste vor, während und nach der Hochzeit auf dem Lau-

EINLADUNG & CO

EXTRA TIPP

Sorgen Sie dafür, dass Sie alle Namen und Adressen Ihrer Gäste vollständig und richtig im Adressbuch haben. Es bedeutet Aufwand, Zeit und Geld, wenn Sie Einladungen ein zweites Mal versenden müssen, weil die Adresse falsch war.

STOLPERSTEIN

Bestellen Sie Ihre Einladungskarten nicht zu früh, denn es können sich in letzter Minute immer Änderungen bezüglich Uhrzeiten und Adressen ergeben. Maximal sechs Monate vor der Hochzeit ist ein guter Richtwert. Ab diesem Zeitpunkt sollten alle Eckdaten feststehen.

fenden zu halten ist eine Hochzeitshomepage. Diese kann neben Infos über das Brautpaar auch Neuigkeiten, Wunschlisten, Anfahrtsbeschreibung und Fotos der Hochzeit enthalten. Viele Anbieter solcher Homepages offerieren verschiedene Layouts, die in Eigenregie mit Texten und Bildern gefüllt werden können. Programmierkenntnisse sind nicht erforderlich. Die Kosten sind vom Umfang der Seite abhängig und beginnen bei 2,90 Euro pro Monat. Etwa unter www.1blu.de.

Eine weitere Möglichkeit bieten soziale Netzwerke, zum Beispiel www.facebook.de. Hier können Sie eine nicht öffentliche Gruppe einrichten und Ihre Gäste über diese Plattform einladen. Nur Mitglieder, die Sie eingeladen haben, können Ihre Inhalte auch sehen. Nettes Gimmick: Ihre User können auf Ihrer Site Einträge posten und auch Fotos und Videos hochladen. Wenn es Ihnen egal ist, ob die große Gemeinschaft der Internetuser Zugang zu Ihren Informationen bekommt, können Sie einen eigenen Blog veröffentlichen. Mehr Infos unter www.wordpress.de.

26 Papier & Bänder: Im Dutzend billiger
SPARPOTENZIAL

Oftmals ist es erheblich günstiger, größere Mengen von einem Artikel zu kaufen. Das gilt auch für Papier. Fragen Sie den Verkäufer nach Großpackungen, und vergleichen Sie die Preise. Verwenden Sie für Papeterie und Dekoration möglichst wenig unterschiedliche Materialien, und setzen Sie diese flexibel ein. Zum Beispiel das gleiche Schleifenband für Einladungen, Menükarten, Kirchenhefte oder Autoschleifen.

Mit dem übrig gebliebenen Material können Sie nach der Hochzeit die Danksagungskarten erstellen. Auf diese Weise lässt sich vermeiden, dass nach der Hochzeit Mengen von teuren Resten herumliegen.

MEIN TIPP: Danksagungskarten müssen nicht alle identisch aussehen. Sie können den Gästen der Feier oder den großzügigeren Schenkern eine aufwendigere Karte schicken, die restlichen Gratulanten bekommen die einfachere Version.

27 Das große Rabattpaket buchen
SPARPOTENZIAL 🪙🪙🪙

Natürlich möchten Sie Ihre Drucksachen so individuell wie möglich gestalten. Das heißt oft aber auch, verschiedene Anbieter zu nutzen, zu koordinieren und teuer zu bezahlen. Die günstigere Alternative: Finden Sie einen Drucker, der das ganze Paket anbietet: Save the Date, Einladung, Tischkarten, Danksagungskarten. Wenn möglich, vereinbaren Sie eine Frei-Haus-Lieferung mit dem Lieferanten. Lesen Sie auf jeden Fall die Allgemeinen Geschäftsbedingungen genau durch. Was passiert, wenn ein Fehler in Ihrer Einladung auftaucht oder die Druckqualität schlecht ist?

28 Kirchenhefte aus dem Copyshop
SPARPOTENZIAL 🪙

Immer mehr Paare wirken bei der Gestaltung des Gottesdienstes aktiv mit, bringen ihre Ideen und Wünsche für die Zeremonie ein. Ein Kirchenheft, das den individuellen Ablauf des Gottesdienstes enthält, ist deshalb sinnvoll. Und: Das Kir-

Individuell bedruckte Schleifenbänder für Einladungskarten, für die Verpackung von Gastgeschenken oder für die Tischdekoration gibt es bei **www.decorize.de**. Die Bänder sind in vielen Farben und Breiten erhältlich und mit verschiedensten Druckfarben und -schriften sowie mit Symbolen und Logos individuell zu gestalten. Ab einer Mindestbestellmenge von 25 Metern: Preis ab 45 Euro.

Schöne Kirchenhefte ganz einfach selber gestalten

Für das Programmheft ist in den meisten Fällen das Brautpaar zuständig, da es den Ablauf der Trauung am besten kennt. Das Heft enthält die Lied- und Trautexte für die kirchliche Hochzeit, Noten und den Ablauf der Trauliturgie. Die einfachste Art der Gestaltung ist ein Vierseiter aus einem gefalteten DIN-A4-Blatt. Das Heft besteht aus drei Elementen:

- **Deckblatt:** Hier finden sich die Namen des Brautpaares sowie Datum und Ort der Hochzeit. Das allein ist sehr sachlich. Auf dem Deckblatt macht sich auch Ihr Trauspruch gut oder ein Foto der Hochzeitskirche.
- **Innenteil:** Er enthält alle Abschnitte der Zeremonie. Hier informieren Sie Ihre Gäste außerdem über die Musikstücke sowie die Texte der Gebete und Fürbitten. Achten Sie auf Schriftart und -größe. Sie sollte typisch für Ihre Hochzeit sein, dabei aber für alle Gäste bei Kirchenlicht gut lesbar.
- **Anhang:** Auf der Rückseite werden der Pfarrer, Organist, Chor oder die Solisten sowie alle Helfer der kirchlichen Trauung namentlich genannt. Dies ist zugleich eine schöne Gelegenheit, sich bei allen Helfern zu bedanken.

Noten und Texte für Gesangbuchlieder oder christliche Musik finden Sie im Internet unter **www.gesangbuchlieder.de**.

EINLADUNG & CO

Kombinierte Tisch- und Menükarten können Sie mit leeren Wein- oder Wasserflaschen herstellen. Dazu einfach Tisch- und Menükarten auf Transparentpapier ausdrucken und jeweils auf einer Seite der Flasche aufkleben. Noch einfacher ist es, wenn Sie für den Ausdruck transparente Klebefolien verwenden. Sie können hierfür auch schöne Gläser verwenden, einfach wie oben beschrieben die Karten aufkleben und zusätzlich ein Teelicht hineinstellen.

chenheft nehmen Gäste gern als Erinnerung an die Hochzeit mit nach Hause. Die einfache Variante: ein DIN-A4-Programmheft, wie eine Schriftrolle mit einem Satinband verschnürt. Den Inhalt können Sie am PC mit Word selbst erstellen.

Drucken Sie nicht alle Hefte selbst aus, das ist teuer und aufwendig. Sie finden in jedem guten Copyshop eine Auswahl verschiedener Papierarten. Kopieren Sie das Kirchenheft lieber dort auf farbiges Papier. Die Preise beginnen für eine S/W-Kopie ab 0,05 Euro pro Exemplar, die Farbkopie kostet dagegen zirka 0,65 Euro pro Exemplar.

MEIN TIPP: Nicht jeder Gast braucht sein eigenes Kirchenheft, es genügt, wenn sich je zwei Personen eins teilen.

29 Tisch- & Menükarten zum Nulltarif
SPARPOTENZIAL ● ●

Tischkarten sind ein wichtiges Hilfsmittel bei der Organisation der Hochzeitsfeier, denn sie sorgen dafür, dass jeder Hochzeitsgast schnell seinen Platz an der Hochzeitstafel findet.

Auch Tischkarten können Sie selber machen. Hierfür eignen sich flache Steine, große Blätter oder Muscheln, die mit einem wasserfesten Stift beschriftet werden. Dekorativ sind Früchte,

Die wichtigsten Regeln für die traditionelle Tischordnung

- Das Brautpaar sitzt zentral am Kopfe des größten, zentral aufgestellten Tisches.
- Neben dem Bräutigam sitzen Mutter und Vater der Braut, neben der Braut ihr Schwiegervater und ihre Schwiegermutter.
- Es folgen die Geschwister der Brautleute, Paten, Großeltern und Trauzeugen.
- Freunde, Arbeitskollegen und die entferntere Verwandtschaft sitzen etwas weiter weg.
- Für kleine Nichten, Neffen und Blumenkinder bietet sich ein extra „Kindertisch" an, da sich die kleinen Gäste an den Tischen der Erwachsenen schnell langweilen.

Die richtige Tischordnung trägt sehr zum Gelingen des Festes bei. Auf keinen Fall sollten Personen nebeneinandersitzen, die sich nicht leiden können. Die Familien sitzen entweder an einem Tisch zusammen, oder sie mischen sich mit dem Rest der Hochzeitsgesellschaft.

Letzteres empfiehlt sich bei geschiedenen Elternpaaren. Und nicht nur da: Diese Variante ist viel moderner und kommunikativer. Viele Brautpaare ersparen sich auch das Kopfzerbrechen über die finale Tischordnung und weisen die Gäste nur bestimmten Tischen zu. Dort können diese dann selbst wählen, neben wen sie sich setzen wollen.

in die Sie Namenskärtchen stecken können (die Karten vorher mit Tesafilm auf Zahnstocher kleben). Je nach Farbe und Stil der Tischdekoration passen Äpfel, Kaktusfeigen, Orangen oder Limetten. Oder Sie lassen sich von jedem Gast ein Kinderfoto schicken. Das Foto schieben Sie in einen eingeschnittenen Korken, den Sie in Ihren Hochzeitsfarben bemalt haben.

Menükarten werden oftmals von der Location gestellt, in der Sie feiern. Falls nicht, könnten Sie das Menü mit einem Folienstift auf Spiegel schreiben und in der Mitte der Tische platzieren. Dekorative Windlichter als Menükarte finden Sie unter 🪐 www.aktionslicht.de. Der Preis beginnt bei je 3,49 Euro.

30 Schlicht und stilvoll Danke sagen
SPARPOTENZIAL ◐◐

Danksagungskarten werden etwa vier Wochen nach der Hochzeit verschickt. Das erfordert Disziplin, vor allem, wenn man gerade von der Hochzeitsreise zurückgekehrt ist. Wenn Sie die Danksagungskarten bereits im Vorfeld haben drucken lassen, müssen Sie nur noch unterschreiben und sich mit ein paar persönlichen Worten für das Geschenk bedanken.

Wer es individuell mag, bastelt die Danksagungskarten selbst. Die günstige Idee: Senden Sie das Hochzeitsfoto als Postkarte an Ihre Gäste, z.B. 10 Klappkarten mit Umschlag für zirka 11 Euro unter 🪐 www.dm-digifoto.de.

Oder aber Sie stellen für Ihre Gäste selbst gebrannte CDs zusammen. Entweder mit Hochzeitsfotos oder mit der Musik, die auf Ihrer Feier gespielt wurde. Falls Ihnen noch Lieder fehlen, gibt es diese für 0,99 Euro pro Lied bei 🪐 www.itunes.com zum Download. Eine Bastelanleitung für Cover und Label finden Sie in dem Buch „100 traumhafte Hochzeitsideen" bei 🪐 www.perfectday-online.de.

MEIN TIPP: Auch wenn Sie vor dem Abflug in den Honeymoon sicherlich anderes im Kopf haben, sollten Sie sich ein paar Minuten Zeit nehmen und die Geschenke, die Sie erhalten haben, in einer kurzen Liste zusammenfassen und den Gästen zuordnen.

Die letzte Überraschung für Ihre Gäste: Statt Danksagungskarten zu verschicken, lassen Sie von einem Helfer kurz vor Ende der Feier an jedem Auto Ihrer Hochzeitsgesellschaft eine Blume mit der Danksagungskarte befestigen.

CHECKLISTE
GÄSTEPLANUNG

	Termin	Anzahl Zusagen	Location	Anzahl Übernachtungen
Junggesellinnenabschied Braut				
Junggesellenabschied Bräutigam				
Polterabend				
Standesamt				
Sektempfang				
Kirche				
Hochzeitsfeier				
Sonstige Events				

GÄSTEKARTEI
KOPIERVORLAGE

Vergrößerungsfaktor für DIN A4: 170 %
Gratis-Download der Gästekarteikarte
unter **www.hochzeit-blog.de**

Gast Nr.

Name, Vorname

Partner

Kind 1

Kind 2

Adresse   Straße

             Nummer

             Postleitzahl

             Ort

Telefon

Mail

	Einladung zu	Zusage		Übernachtung		Übernachtungs-möglichkeit
		ja	nein	ja	nein	
Junggesellenabschied						
Polterabend						
Standesamt						
Sektempfang						
Kirche						
Hochzeitsfeier						

	per Brief	per Mail	mündlich	noch nicht
Save the Date				
Einladung				
Danksagungskarte				

Hochzeitsgeschenk

FASHION & BEAUTY

- Traumkleid nach Maß
- Kleid leihen oder mieten
- Look & Feel
- Style Guide
- Brautkleid günstig kaufen
- Secondhandläden

FASHION & BEAUTY

Der schönste Tag des Lebens. Natürlich will jede Braut fantastisch aussehen. Das Gleiche gilt für den Bräutigam. Outfit und Styling – alles muss perfekt sein. Sparen ist nicht das Top-Thema, geht aber einfacher, als Sie denken. Brautmode von Designern, maßgeschneiderte Hochzeitskleider, ausgefallene Schuhe: Viel Spaß beim Shoppen!

- Schicke Alternativen
- Last-Minute-Relaxen
- Beauty-Programm
- Brautschuhe für jeden Tag

Fotos: © Monkey Business Images, © Geoffrey Whiting | Dreamstime.com, iStockphoto, LILLY Brautkleider GmbH | lilly.de

FASHION & BEAUTY

DO-IT YOURSELF

Wenn Sie ein schlichtes Kleid kaufen, können Sie es selbst aufpeppen und Perlen auf Träger, Ausschnitt oder Corsage aufnähen. Eine große Auswahl an unterschiedlichen Perlenarten und -formen finden Sie unter **www.traumperle.de** oder **www.perlenpaula.de**.

31 Ihr Traumkleid nach Maß
SPARPOTENZIAL ●●●

Ein handgefertigtes Kleid ist günstiger, als Sie denken. Wer sein Traumkleid von einer Schneiderin nähen lässt, zahlt je nach Stoff und Nähart für so ein Unikat ab 600 Euro. Möglich bei der Maßschneiderin Elvira Spohr www.ellis-schneiderei.de oder Brides-Dreamland www.brides-dreamland.de.
Je mehr Stickereien, Details und teure Materialien ein Hochzeitskleid hat, desto teurer. Wenn Sie sich auch ein schlichteres Brautkleid ohne viel Extras vorstellen können und handwerkliches Geschick haben, dann suchen Sie sich in einem Schnittbuch das gewünschte Modell aus. Der Vorteil: Damit bekommen Sie Ihr Wunschkleid – eventuell sogar nach Vorlage Ihres Wunschdesigners – für kleines Geld. Schnittmuster für Brautkleider gibt es im Internet unter www.schnittmuster.net, www.burdastyle.de oder www.stoffe.de.
Achtung, Aberglaube: Es soll Pech bringen, wenn die Braut ihr Brautkleid selbst schneidert – jeder Stich bedeutet eine Träne. In England hat man den Aberglauben abgewandelt. Hier dürfen Bräute selber nähen – nur nicht bis zum letzten Nadelstich.

32 Im Trend: Kleid leihen oder mieten
SPARPOTENZIAL ●●●

Es bringt Glück, am Tag der Hochzeit etwas Altes und etwas Geborgtes zu tragen! Die meisten borgen sich Schmuck. Aber dieser schöne Satz gilt natürlich auch für Brautkleider. Erkundigen Sie sich im Familien- und Freundeskreis, wer Ihnen ein Kleid leihen könnte. Lassen Sie das Brautkleid, wenn möglich, nach Ihren Wünschen ändern, und kombinieren Sie es mit trendigen Schuhen und Accessoires. Kopfschmuck, Schleier, Handschuhe, Täschchen usw. können Sie sich ebenfalls von schon verheirateten Freundinnen leihen, falls diese Dinge zum ausgewählten Kleid passen.
In einigen Brautmodenläden lassen sich Kleider auch mieten. Vorteil: Es kostet nur einen Bruchteil des normalen Preises.

Fotos: LILLY Brautkleider GmbH | lilly.de

Nachteile: Änderungen lassen sich meist nur in dem Maße durchführen, dass andere Bräute das Kleid nach Ihnen auch noch tragen können. Sie zahlen für Schäden. Und Sie wissen nicht, wie viele Bräute es vor Ihnen schon getragen haben. Zu kaufen ist ein solches Kleid ab rund 180 Euro – je öfter es getragen wurde, umso günstiger. Dazu etwa 50 bis 100 Euro für die Reinigung. Mehr Infos unter 🐭 www.brautkleidreinigung.com oder 🐭 www.brautkleidreinigung-schiltach.de.

Auch über das Internet können Sie ein Kleid mieten, etwa bei 🐭 www.dress4moments.de. Und das geht so: Kleid aussuchen und Maße anhand der zugeschickten Maßtabelle nehmen. Danach wird das Kleid individuell für Sie genäht. Miete ab 250 Euro, dazu optional Reinigungsservice (ca. 35 Euro) und komplette Versicherung für das Kleid (ca. 25 Euro).

EXTRA TIPP

Die Hochzeitsnacht fällt bei vielen Paaren flach, weil die ganze Nacht durchgefeiert wird. Teure Dessous – die Sie nach der Hochzeit nie mehr tragen – können Sie sich also unter Umständen sparen. Stattdessen lieber einen nahtlosen Slip tragen, der nicht drückt. Für den BH gilt: Er sollte eine gute Passform haben und natürlich nicht unter dem Dekolleté hervorspitzen.

33 Neues Brautkleid günstig kaufen
SPARPOTENZIAL ●●●

Zu den Highlights jeder Hochzeitsvorbereitung gehört der Kauf des Brautkleids. Natürlich in Begleitung von Freundinnen, Trauzeugin oder Mutter. Natürlich mit viel Zeit!

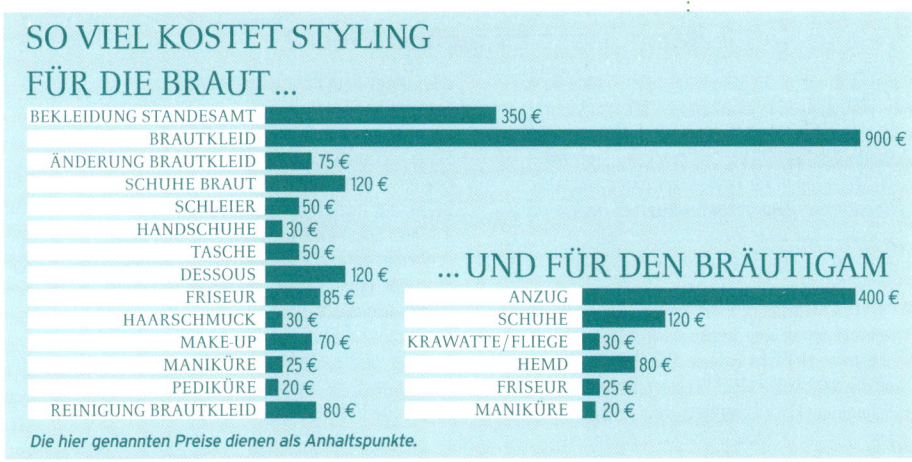

SO VIEL KOSTET STYLING FÜR DIE BRAUT...

BEKLEIDUNG STANDESAMT	350 €
BRAUTKLEID	900 €
ÄNDERUNG BRAUTKLEID	75 €
SCHUHE BRAUT	120 €
SCHLEIER	50 €
HANDSCHUHE	30 €
TASCHE	50 €
DESSOUS	120 €
FRISEUR	85 €
HAARSCHMUCK	30 €
MAKE-UP	70 €
MANIKÜRE	25 €
PEDIKÜRE	20 €
REINIGUNG BRAUTKLEID	80 €

...UND FÜR DEN BRÄUTIGAM

ANZUG	400 €
SCHUHE	120 €
KRAWATTE/FLIEGE	30 €
HEMD	80 €
FRISEUR	25 €
MANIKÜRE	20 €

Die hier genannten Preise dienen als Anhaltspunkte.

N & BEAUTY

INTERNET TIPP

Eine Übersicht zu Terminen und Veranstaltungsorten von Hochzeitsmessen finden Sie unter **www.hochzeit-blog.de**.

Zwischen Oktober und Februar ist keine Hochsaison, und Brautmodengeschäfte reduzieren die Kleider der vergangenen Saison. Nutzen Sie in dieser Zeit die Schlussverkäufe.

Auch der Besuch von Hochzeitsmessen kann sich lohnen. Dort werden Brautkleider günstig angeboten und zudem oft ein Messerabatt von ca. 10 Prozent gewährt. Manchmal gibt es diesen Rabatt auch im Nachhinein für Accessoires, wenn das Kleid auf der Messe gekauft oder bestellt wurde. .

Wenn Sie Ihr Traumkleid gefunden haben, sollte es perfekt passen. Die Nachbestellung in der richtigen Größe ist im Zweifelsfall günstiger als Änderungen. Die kosten in Brautläden je nach Änderungsaufwand zwischen 50 und 100 Euro.

Auch Versandhäuser bieten günstig Brautkleider an. Lesen Sie vor der Bestellung aber unbedingt die Allgemeinen Geschäftsbedingungen durch. Lässt sich das Kleid umtauschen? Gibt es eine Geld-zurück-Garantie? Wie ist die Lieferzeit?

MEIN TIPP: Kaufen Sie das Kleid erst, wenn das Hochzeitsdatum feststeht. Wenn Sie sich für ein leichtes Kleid mit Spaghettiträgern entscheiden und sich der Termin in den Winter verschiebt, müssen Sie zusätzliche Accessoires oder im schlimmsten Fall sogar ein neues Kleid kaufen.

Welche Kleiderform passt zu meiner Figur?

Welches Kleid ist für Sie das richtige? Jede Form hat ihren ganz individuellen Charme und auch einige Vor- bzw. Nachteile.

- **Duchesse / Princess:** Das typische Sissi-Ballkleid. Geeignet für Frauen mit einem schlanken Oberkörper. Figurbetontes Oberteil, meist mit Corsage. Der volle Rock hilft, die Taille zu betonen und eventuell vorhandene Problemzönchen zu verbergen.
- **Fishtail / Mermaid:** Hebt die weiblichen Kurven hervor und ist sehr figurbetont, geeignet für schlanke, zierliche Bräute. Die Form erinnert an die Silhouette einer Meerjungfrau. Der eng anliegende Rock kann über dem Knie, am Knie oder unter dem Knie ausgestellt sein.
- **Empire:** Das Empirekleid ist der Kleidermode unter Kaiser Napoleon nachempfunden. Für jede Figur und auch für schwangere Bräute perfekt geeignet. Hohe Taillennaht direkt unterhalb der Brust, der Rock fließt gerade nach unten.
- **A-Linie:** Lässt kleinere Frauen größer und schlanker wirken. Figurbetontes, eng anliegendes Oberteil, der Rock verläuft nach unten leicht ausgestellt.
- **Etuikleid:** Ein Etuikleid ist eng anliegend und hebt die Oberweite hervor, Hüfte und Taille werden weniger betont. Geeignet für große und sportliche Bräute.

34 In Secondhandläden stöbern
SPARPOTENZIAL ●●●

Es gibt unzählige Bräute, die ihre Kleider nach der Hochzeit für einen Bruchteil des Ursprungspreises abgeben. Wenn es Sie nicht stört, dass das Kleid schon eine andere Braut getragen hat, schauen Sie sich bei Brautkleid-Börsen, Ebay oder im Secondhandladen um. Für den Bräutigam werden Sie hier ebenfalls fündig. Beim Secondhandkauf sind sogar Designerkleider bis zu 50 Prozent gegenüber dem Neupreis reduziert. Die Kleider wurden meist genau einmal getragen und danach gereinigt, sie sind praktisch neu. Der Nachteil: Oft handelt es sich um die Vorjahrsmodelle.

Eine andere Möglichkeit: Fragen Sie im Brautmodeladen Ihrer Stadt nach, ob dieser dort gekaufte Kleider zum Wiederverkauf anbietet. Princess Dreams www.princessdreams.de in Berlin macht das. Praktisch: Hier können Sie Ihr Kleid nach der Hochzeit gleich wieder verkaufen – wenn Sie wollen.

INTERNET TIPP

Günstige Secondhandkleider finden Sie in Online-Auktionen oder Brautkleid-Börsen:
- www.brautmode.net
- www.brautkleid-gebraucht.de
- www.weddingdress.de
- www.brautmode-flohmarkt.de
- www.brautboerse.de

35 Schicke Alternativen zu Brautmode
SPARPOTENZIAL ●●●

Brauchen Sie für das Standesamt wirklich ein nagelneues Brautkleid? Oder tut es auch ein schicker Hosenanzug oder ein weißes Sommerkleid? Weiße Kleidung ist zeitlos, lässt sich mit allen Farben kombinieren und auch später häufig tragen. Dasselbe gilt für Abendkleider. Viele sind wesentlich günstiger als Brautkleider und können nach der Hochzeit, etwa auf Bällen oder ins Theater, angezogen werden.

MEIN TIPP: Ein schlichtes Etuikleid, ein champagnerfarbenes Bandeaukleid oder ein fließendes Chiffonkleid – drei elegante Alternativen zum klassischen Brautkleid.

Vielleicht haben Sie sogar ein passendes Kleid im Kleiderschrank und können es mit Accessoires aufpeppen, etwa mit Handschuhen, einer Stola, einer passenden Tasche und eleganten Schuhen. Im Trend: Birdcage Veils, Inspirationen für diese kleinen Schleier finden Sie bei www.birdcageveils.com

FASHION & BEAUTY

Achten Sie beim Kauf darauf, ob Änderungen an Ihrem Kleid nötig sind. Wie hoch sind die Kosten? Besser ist es, das Kleid in Ihrer Größe zu bestellen, auch wenn der Verkäufer dazu raten, das vorrätige Kleid zu ändern. Sollte sich das Kleid nicht mehr bestellen lassen, handeln Sie einen Rabatt für die Änderungskosten aus.

oder 🎩 www.veilubridal.com. Birdcage Veils werden günstig in normalen Hutläden angeboten und können oftmals in Weiß oder Champagnerfarben nachbestellt werden.

Auch der Bräutigam muss sich nicht zwingend einen extra Hochzeitsanzug kaufen. Vielleicht hat er bereits einen Anzug, der hochzeitstauglich ist und der mit einer schicken Weste und Krawatte kombiniert werden kann. Westen, Plastrons, Krawatten bzw. Accessoires für den Bräutigam finden Sie günstig bei Karstadt & Co. Wenn es ein neuer Anzug sein soll, achten Sie darauf, dass der Anzug eine normale Jackenlänge hat, so kann er nach der Hochzeit noch getragen werden.

36 Ein Kleid, verschiedene Preise
SPARPOTENZIAL ●●●

Es gibt eine Vielzahl verschiedener Kleider, Formen und Stile. Sehen Sie sich in Ruhe um, blättern Sie durch Hochzeitsmagazine, surfen Sie im Internet. Sammeln Sie die Seiten mit Kleidern, die Ihnen gefallen. Wenn Sie Ihr Traumkleid gefunden haben, checken Sie auf der Internetseite des Herstellers das Händlerverzeichnis. Danach rufen Sie verschiedene Brautmo-

Die wichtigsten Hersteller von Brautkleidern

- **Deutschland:**
  Valérie Brautmode: www.kleemeier.com
  Weise Brautkleider: www.weise.eu
  Lohrengel: www.lohrengel.com
  Lilly Brautmode: www.lilly.de
- **Spanien:**
  Pronovias: www.pronovias.com
  San Patrick: www.sanpatrick.com
- **Belgien:**
  Rembo Styling: www.rembo.de
  Linea Raffaelli: www.linearaffaelli.com
  Marylise: www.marylise.be
- **Italien:**
  Eddy K: www.eddyk.com

  Atelier Aimée: www.atelier-aimee.de
- **Frankreich:**
  Faragé Paris: www.faragebride.com
  Cymbeline: www.cymbeline.com
- **Niederlande:**
  Modeca Collection: www.modeca.co
- **England**
  Ian Stuart: www.ianstuart-bride.com
- **USA:**
  Galaxy New York: www.galaxybridal.com
  Demetrios Bride: www.demetriosbride.com
  Novia d'Art: www.dartbridal.com
  Sincerity/Sarah Danielle/sweetheart:
  www.sinceritybridal.com

deläden in Ihrer Umgebung an. Sie werden erstaunt sein, wie unterschiedlich die Preise für das gleiche Kleid sein können.
MEIN TIPP: Halten Sie nicht an einem bestimmten Kleid fest, vielleicht finden Sie ja ein ähnliches Kleid im gleichen Stil, das aber wesentlich günstiger ist.

37 Brautschuhe für jeden Tag
SPARPOTENZIAL ●●

Brautschuhe sollten in erster Linie bequem sein und als hübsches Accessoire Ihre Füße schmücken. Die Preise liegen zwischen 100 bis 180 Euro. Da die Schuhe unter einem langen Brautkleid aber fast nicht zu sehen sind, reichen auch schöne Pumps oder Tanzschuhe. Wer Brautschuhe schon am Vortag zur standesamtlichen Trauung trägt, spart ein Paar Schuhe ein. Im Frühjahr und Sommer gibt es weiße oder cremefarbene Schuhe schon ab circa 30 Euro. Im Trend: Metallic-Effekte in Gold, Silber oder Bronze. Webshops wie Zalando www.zalando.de haben eine Riesenauswahl heller Schuhe. Wenn sie nicht gefallen oder passen, werden die Schuhe einfach wieder zurückgeschickt.

Auch Tanzschuhe sind eine gute Alternative, die Preise beginnen bei 40 Euro. Tanzschuhe gibt es mit weißem Satinbezug und mit unterschiedlich fester Wildledersohle. Den Satin können Sie nach der Hochzeit einfärben und noch tragen, selbst wenn er gelitten hat. Außerdem gibt es sie in verschiedenen Weiten, sie sind also sehr bequem. Mehr Infos unter www.tanzsport-schuhe.de oder www.tanzmaus.de.

Kaufen Sie Ihre Schuhe am späteren Nachmittag. Ihr Fuß hat meist einen harten Tag hinter sich und ist fast eine halbe Nummer größer. Und achten Sie beim Kauf auf leichte Absätze und ein gutes Fußbett.

MEIN TIPP: Die Schuhe sollten Sie einige Tage vor der Hochzeit einlaufen, sonst könnte es Blasen geben. Besprühen Sie zusätzlich die Problemstellen am Fuß am Morgen der Hochzeit mit durchsichtigem Sprühpflaster (ca. 6 Euro, etwa bei www.docmorris.de).

STOLPER-STEIN

Im Internet gibt es einige Anbieter, die Brautkleider aus China verkaufen, etwa **www.lightinthebox.com** oder **www.shopofbrides.com**. Die Preise klingen verlockend und beginnen bei 100 Euro pro Kleid. Dazu kommen meistens Versandkosten (je nach Gewicht und Lieferzeit um die 40 Euro). Doch bei allem Sparwillen sollten Sie die Risiken nicht aus den Augen verlieren:
- Sie haben keine Möglichkeit, das Kleid anzusehen oder anzuprobieren.
- Es gibt keine fachkundige Beratung.
- Es ist nicht immer rechtlich abgesichert, dass Sie das Kleid zurückschicken bzw. umtauschen können.
- Beachten Sie auch, dass eine Lieferung aus China verzollt werden muss. Wenn Sie Pech haben, bleibt Ihr Kleid beim Zoll hängen und Sie müssen es dort abholen.

FASHION & BEAUTY

38 Sparen Sie nicht beim Styling
SPARPOTENZIAL 🪙🪙

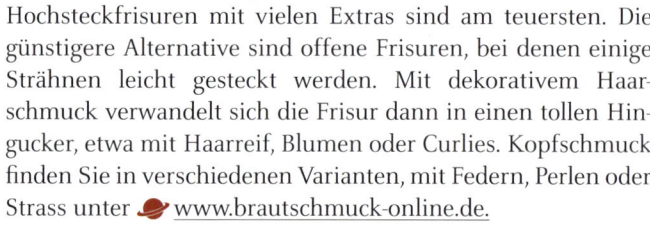

Jede Braut will gut aussehen. Frisur, Make-up, Nägel – alles muss perfekt sein. Sparen ist nicht das Top-Thema. Wichtiger ist, dass Sie sich an Ihrem großen Tag rundum wohlfühlen.

Gefällt Ihnen Ihre normale Frisur sowieso am besten? Dann legen Sie Ihren routinemäßigen Friseurtermin kurz vor die Hochzeit. Nehmen Sie Ihren Schleier mit, und bitten Sie den Friseur, diesen probeweise aufzustecken. Vielleicht hat er auch Ideen, wie Sie Ihre Frisur am Hochzeitstag selbst mit kleinen Tricks aufpeppen können.

Viele Bräute entscheiden sich für professionelle Steckfrisuren. Aber nicht in jedem Friseursalon gibt es jemanden, der dafür ausgebildet wurde. Klären Sie vorab, ob der Friseur Erfahrung mit Steckfrisuren hat.

Hochsteckfrisuren mit vielen Extras sind am teuersten. Die günstigere Alternative sind offene Frisuren, bei denen einige Strähnen leicht gesteckt werden. Mit dekorativem Haarschmuck verwandelt sich die Frisur dann in einen tollen Hingucker, etwa mit Haarreif, Blumen oder Curlies. Kopfschmuck finden Sie in verschiedenen Varianten, mit Federn, Perlen oder Strass unter 🪐 www.brautschmuck-online.de.

Zum Termin für das Probestecken bringen Sie am besten Fotos Ihrer Wunschfrisur mit. Manchmal müssen Sie einige Varianten probieren, ehe Sie sich richtig wohlfühlen. Das Probestecken ist bei den meisten Friseuren gratis, wenn sie danach den Zuschlag für die Brautfrisur bekommen. Falls das Probestecken etwas kostet, verbinden Sie den Termin mit einem Theaterbesuch oder einem Essen mit Ihrem Liebsten.

Gepflegte Nägel an den Händen sind ebenfalls ein Muss – auch für den Bräutigam, denn Ihre Hände werden auf vielen Fotos zu sehen sein. Die Preise für einen professionellen Kosmetiker für Maniküre beginnen bei etwa 20 Euro.

MEIN TIPP: Häufig können Sie im Friseursalon, in dem Sie Ihre Frisur machen lassen, auch Make-up und Nägel machen. Fragen Sie nach einem Kombipreis!

EXTRA TIPP

Einige Kosmetiker und Friseure schminken die Braut kostenlos, wenn sie danach mit den Fotos werben dürfen. Vielleicht gibt es auch die Möglichkeit, dass Sie bei Ihrem Friseur als Modell zur Verfügung stehen. So lassen sich Frisuren kostenlos bzw. sehr günstig ausprobieren. Das gleiche Prinzip gilt für Nagelstudios. Oder Sie fragen bei Ihrem Friseur nach Rabatten, wenn Sie am Hochzeitstag Ihre ganze Familie dort schminken lassen. Die Nachfrage beim Profi lohnt immer.

39 Wellness im Wohnzimmer
SPARPOTENZIAL

Für die Braut beginnt die Beauty-Vorbereitung mindestens drei Tage vor der Hochzeit. Treffen Sie sich mit Ihren Freundinnen, und verwandeln Sie Ihre Wohnung in einen Beautysalon. Eine kümmert sich um Ihre Maniküre, die nächste verwöhnt Sie mit einer Gesichtsmassage mit Maske, und Sie gönnen sich kurz vor der Hochzeit eine kleine Relaxpause! Alternativ können Sie vorab einen Beautytermin mit Ihren Freundinnen und einer Mary-Kay-Beraterin (www.marykay.de) machen. Diese kommt zu Ihnen nach Hause und präsentiert dort ihre Produkte. Lassen Sie sich von ihr probeschminken, und bitten Sie eine geschickte Freundin, nach dieser Vorlage am Hochzeitstag Ihre persönliche Schminkassistentin zu sein.

40 Last-Minute-Relaxen für sie & ihn
SPARPOTENZIAL

Kurz vor der Hochzeit, wenn die wichtigsten Vorbereitungen abgeschlossen sind und die Aufregung zunimmt, gönnen Sie sich eine kleine Wellness-Auszeit für Körper und Geist.
Suchen Sie sich dafür einen Abend aus, an dem Sie nichts mit den Vorbereitungen für Ihre Hochzeit zu tun haben. Lassen Sie sich ein Bad mit einem schön duftenden Badeschaum ein, Kerzen und Lieblingsmusik anmachen und relaxen. Oder gönnen Sie sich den Luxus einer thailändischen Ganzkörper-Massage mit Stimulation der Energiepunkte (www.tara-thai.de, 90 Minuten für 57 Euro). Mögen Sie es lieber orientalisch? Dann besuchen Sie mit Ihrem Bräutigam einen Hamam und lassen es sich im Dampfbad und mit einer Rosenölmassage gut gehen. Mehr Infos unter www.hamam.de. Vielleicht gibt es auch ein Hotel in Ihrer Nähe, in dem Sie stundenweise Sauna, Dampfbad, Sonnendusche, Eisbrunnen und den Pool benutzen können (www.spa7.de, 2 Stunden für 10 Euro).
Gratisvariante: Unabhängig von Wetter und Tageszeit können Sie bei langen Spaziergängen die Seele baumeln lassen.

DO IT YOURSELF

Packen Sie kurz vor der Hochzeit ein Notfallset, das Sie Ihrer persönlichen Schminkassistentin oder der Trauzeugin übergeben.
Der Inhalt:
● Make-up: Lippenstift, Lidschatten, Wimperntusche, Puder, Abdeckstift
● Deodorant / Parfüm
● Haarspangen und kleines Haarspray
● Kamm / Bürste und ein kleiner Spiegel
● Nagelfeile
● Stück Schokolade oder Traubenzucker
● Notfalltropfen (Bachblüten), Kopfschmerztabletten, evtl. benötigte Medizin
● Ersatzstrumpfhose
● Nähset und Sicherheitsnadeln
● Pflaster und Taschentücher
● Fleckenwasser
● Ersatzakku für Handy

CHECKLISTE
TERMINPLANUNG

12 BIS 9 MONATE VOR DER HOCHZEIT — MONAT/JAHR: Okt 2011

MONTAG	DIENSTAG	MITTWOCH	DONNERSTAG	FREITAG	SAMSTAG	SONNTAG

→ Catering (Metz, Termin ausmachen, warten auf Angebot von Vinetage + àtavola)

→ Frau Engels anrufen Hochzeits-Zimmer blocken / Hussen?!

→ Kirche finden

→ Hotelzimmer blocken.

Standesamt
- ☒ Termin festlegen
- ☒ Termin und Uhrzeit beim Standesamt reservieren
- ☐ Trauzeugen auswählen und informieren

Kirche
- ☐ Termin festlegen
- ☐ Kirche besichtigen
- ☐ Musik für Trauung auswählen

Hochzeitsfeier
- ☒ Termin und Rahmen der Feier festlegen
- ☒ Locations besichtigen, Angebote einholen, Location buchen
- ☐ Evtl. Wedding-Planer für die Organisation der Feier auswählen
- ☐ Musik auswählen und buchen

Drucksachen
- ☐ Save-the-Date-Karten versenden

Budget
- ☒ Kostenrahmen festlegen (+ 15 % Sicherheitsreserve)
- ☒ Eventuell Mitfinanzierung durch Eltern abstimmen

Formalitäten
- ☐ Gültigkeit Personalausweis/Reisepass überprüfen

Gäste
- ☒ Vorläufige Gästeliste zusammenstellen

8 BIS 6 MONATE VOR DER HOCHZEIT

MONAT/JAHR

MONTAG	DIENSTAG	MITTWOCH	DONNERSTAG	FREITAG	SAMSTAG	SONNTAG

Standesamt	Beim Standesamt die Eheschließung persönlich anmelden
Hochzeitsfeier	Rahmenprogramm planen
Beauty	Informationen über Stil und Kosten des Brautkleides einholen
	Termin für Brautmode-Shopping buchen
	Brautkleid auswählen und kaufen
Transport	Wahl des Hochzeitsfahrzeuges, Angebote für Hochzeitskutschen einholen
	Hochzeitsfahrzeug oder Kutsche besichtigen und buchen
Flitterwochen	Ziel und Termin für Hochzeitsreise festlegen
	Angebote für Hochzeitsreise einholen
	Beim Arbeitgeber Urlaub beantragen
Foto/Video	Kostenvoranschläge einholen
	Termin beim Fotografen und Videofilmer vereinbaren
Drucksachen	Angebote für Einladungskarten etc. einholen
Formalitäten	Heiratspapiere für kirchliche und standesamtliche Trauung organisieren
	Über gemeinsamen Ehenamen einigen
Gäste	Familientreffen organisieren und Ideen besprechen
	Endgültige Gästeliste zusammenstellen

5 BIS 4 MONATE VOR DER HOCHZEIT

MONAT/JAHR ....

MONTAG	DIENSTAG	MITTWOCH	DONNERSTAG	FREITAG	SAMSTAG	SONNTAG

Gäste
- Geschenkwunschliste / Hochzeitstisch zusammenstellen
- Zimmer für Gäste reservieren
- Zimmer für Hochzeitsnacht reservieren

Hochzeitsfeier
- Ausgewählte Künstler (Artisten, Feuerwerk etc.) engagieren
- Programm festlegen
- Zum Tanzkurs anmelden
- Termin für Testessen im Restaurant vereinbaren

Beauty
- Brautaccessoires besorgen (Schleier, Strümpfe, Dessous)
- Hochzeitsanzug und Schuhe kaufen

Drucksachen
- Einladungen drucken lassen
- Einladungen und Anfahrtsplan verschicken

Foto/Video
- Fotograf und Videofilmer buchen

Flitterwochen
- Hochzeitsreise buchen
- Visum für Hochzeitsreise beantragen
- Eventuell Schutzimpfungen beim Arzt nachfragen

Standesamt
- Trauringe auswählen und gravieren lassen

Budget
- Kosten überprüfen

3 MONATE VOR DER HOCHZEIT

MONAT/JAHR ....

MONTAG	DIENSTAG	MITTWOCH	DONNERSTAG	FREITAG	SAMSTAG	SONNTAG

Standesamt	○ Musik auswählen und buchen
Kirche	○ Anmeldung zum kirchlichen Eheseminar
	○ Mit dem Pfarrer Ablauf der Trauung festlegen
	○ Blumenkinder auswählen
	○ Musik buchen
Polterabend	○ Gästeliste erstellen
	○ Rahmen und Ablauf festlegen
	○ Räumlichkeiten anmieten
Beauty	○ Brautschuhe kaufen und zu Hause einlaufen
	○ Kleidung für Standesamt auswählen
Blumen	○ Streublumen für Blumenkinder auswählen
	○ Blumen für Anstecker auswählen
Transport	○ Transportmittel für Gäste organisieren
Formalitäten	○ Ehevertrag mit Anwalt aufsetzen und vom Notar beglaubigen lassen
Gäste	○ Kleine Geschenke für Trauzeugen, Brautjungfern und Blumenkinder auswählen
Budget	○ Kosten überprüfen

2 MONATE VOR DER HOCHZEIT

MONAT/JAHR ....

MONTAG	DIENSTAG	MITTWOCH	DONNERSTAG	FREITAG	SAMSTAG	SONNTAG

Gäste
- Gäste, die bisher noch nicht geantwortet haben, kontaktieren
- Gästeliste überprüfen und gegebenenfalls ergänzen
- Einladungen auf Absagen prüfen, eventuell Nacheinladungen versenden
- Kleine Geschenke für die Gäste besorgen

Polterabend
- Zum Polterabend einladen
- Helfer organisieren

Hochzeitsfeier
- Menü, Weine, Sonderwünsche im Restaurant abstimmen
- Speziellen Hochzeitsdrink mit dem Gastwirt besprechen
- Hochzeitstorte auswählen
- Tanzkurs machen
- Freiwillige Helfer für die Organisation auswählen
- Professionellen Babysitter engagieren

Beauty
- Termin für Probefrisur der Braut vereinbaren
- Termin mit Kosmetikstudio absprechen, Probe-Make-up

Kirche
- Vorliegende Dokumente mit dem Pfarrer besprechen

Formalitäten
- Versicherungen überprüfen und gegebenenfalls Partner einbeziehen

Budget
- Kosten überprüfen

1 MONAT VOR DER HOCHZEIT

MONAT/JAHR ....

MONTAG	DIENSTAG	MITTWOCH	DONNERSTAG	FREITAG	SAMSTAG	SONNTAG

Kirche	○ Traugespräch mit dem Pfarrer führen und Pfarrer zur Hochzeitsfeier einladen
	○ Schleifen für die Autoantennen besorgen
Gäste	○ Geschenkwunschliste aktualisieren
	○ Info an Fachgeschäft, wohin die Geschenke geliefert werden sollen
Polterabend	○ Polterabend vorbereiten
Hochzeitsfeier	○ Menü festlegen und Restaurant bezüglich Anzahl Gäste informieren
	○ Abstimmung und Festlegung der Aufgaben für freiwillige Helfer
Beauty	○ Friseurtermin für Bräutigam vereinbaren
	○ Hochzeitsgarderobe nochmals anprobieren, evtl. Änderungen vornehmen lassen
	○ Solariumbesuche einplanen
Drucksachen	○ Programmheft für die kirchliche Trauung erstellen
Blumen	○ Brautstrauß bestellen
	○ Blumenschmuck für Kirche, Feier, Kutsche, Anstecker und Streublumen bestellen
Flitterwochen	○ Unterlagen und Tickets überprüfen, Reiseführer besorgen, Geld wechseln
	○ Aufpasser für die Wohnung organisieren
Foto/Video	○ Termin bestätigen lassen, Sonderwünsche besprechen
Standesamt	○ Trauringe abholen

2 WOCHEN VOR DER HOCHZEIT

MONAT/JAHR ....

MONTAG	DIENSTAG	MITTWOCH	DONNERSTAG	FREITAG	SAMSTAG	SONNTAG

Gäste
- ○ Sitzordnung erstellen
- ○ Reservierung für die Gäste bestätigen
- ○ Namensschilder für die Gäste erstellen

Hochzeitsfeier
- ○ Termin und Lieferadresse für Torte bestätigen
- ○ Rede vorbereiten

Beauty
- ○ Mit Friseur Ablauf am Hochzeitsmorgen besprechen
- ○ Termin mit Kosmetikerin vereinbaren, Ablauf am Hochzeitsmorgen besprechen

Drucksachen
- ○ Vermählungsanzeige aufgeben
- ○ Menü- und Tischkarten drucken lassen

Blumen
- ○ Termin und Lieferadresse für Blumenschmuck bestätigen

Transport
- ○ Transportmittel je nach Anzahl Gäste buchen
- ○ Termin Hochzeitskutsche / Fahrzeug bestätigen
- ○ Stellplatz für Hochzeitsfahrzeug bei Standesamt und Kirche abklären

Kirche
- ○ Körbchen für die Streublumen besorgen

Polterabend
- ○ Alle Einzelheiten noch einmal durchgehen
- ○ Nachbarn über Polterabend informieren
- ○ Junggesellenabschied organisieren

1 WOCHE VOR DER HOCHZEIT				MONAT/JAHR			
MONTAG	DIENSTAG	MITTWOCH	DONNERSTAG	FREITAG	SAMSTAG	SONNTAG	

Gäste	○ Sitzordnung an das Restaurant übergeben
	○ Tischkärtchen an das Restaurant übergeben
	○ Gastgeschenke an das Restaurant übergeben
Hochzeitsfeier	Details und Uhrzeiten mit dem Restaurant absprechen
Beauty	○ Friseurtermin für Bräutigam
Flitterwochen	○ Koffer für die Reise packen
Formalitäten	○ Kleingeld für Trinkgeld besorgen
Kirche	Generalprobe mit den Blumenkindern organisieren
Standesamt	○ Eheringe bereithalten
	Dokumente bereithalten
Beauty	○ Zur Maniküre/Pediküre gehen
	Notfallset packen

AM HOCHZEITSTAG

Hochzeitsfeier
- ○ Kleingeld für Trinkgeld einstecken
- ○ Betreuung der Kinder organisieren
- ○ Dienstleister koordinieren (DJ, Band, Fotograf etc.)
- ○ Ablauf der Showeinlagen organisieren
- ○ Animation der Gäste für Spiele und Bräuche organisieren

Beauty
- ○ Brautfrisur stecken lassen
- ○ Make-up auflegen
- ○ Brautgarderobe anziehen
- ○ Notfallset an die Trauzeugin/Schminkassistentin weitergeben

Gäste
- ○ Schleifen für die Gästeautos verteilen
- ○ Namensschilder an die Gäste verteilen
- ○ Entgegennahme und Beaufsichtigung der Geschenke
- ○ Geschenke in die Wohnung des Brautpaares bringen
- ○ Gäste zu ihren Sitzplätzen bringen

Kirche
- ○ Aufsicht Blumenkinder organisieren
- ○ Ringe, Ringkissen und Papiere mitnehmen

Blumen
- ○ Blumen vom Floristen abholen
- ○ Brautstrauß mitnehmen
- ○ Hochzeitskutsche / Auto mit dem Blumenschmuck dekorieren

Transport
- ○ Fahrer Brautauto organisieren

DANACH

Formalitäten
- ○ Gemeinsam zur Bank gehen
- ○ Neuen Namen bekannt geben
- ○ Steuerklasse ändern lassen
- ○ Papiere umschreiben lassen (Personalausweis, Reisepass, Führerschein)

Gäste
- ○ Danksagungskarten mit Hochzeitsfotos verschicken

Budget
- ○ Offene Rechnungen begleichen

Drucksachen
- ○ Danksagungskarten drucken lassen

Foto/Video
- ○ Hochzeitsalbum zusammenstellen
- ○ Fotos abholen und Nachbestellungen arrangieren
- ○ Videofilm bearbeiten lassen

ZUSÄTZLICHE TO-DOs & TERMINE

BLUMEN & DEKORATION

- Blumen der Saison
- Viel Grün & große Blüten
- Schöne Brautsträuße
- Deko leihen & mieten
- 1-Euro-Shop
- Material aus der Natur

BLUMEN & DEKORATION

Die Kosten für Blumen können einen beträchtlichen Teil Ihres Hochzeitsbudgets ausmachen. Es ist aber durchaus möglich, für einen vernünftigen Betrag die Blumen und die Dekoration zu bekommen, die Ihnen wirklich gefallen und zu Ihrem Hochzeitsthema passen.

- Deko ohne Blumen
- Blumen mehrfach verwenden
- Die 3-in-1-Lösung
- Ideen fürs Brautauto

Fotos: © Amy Parrish, © JontES - Fotolia.com, EvenTipp GbR | www.eventipp.de

BLUMEN & DEKORATION

DO IT YOURSELF

Mit ein wenig Fantasie und dem, was Haus und Garten hergeben, lassen sich hübsche Dekorationen herstellen. Im Bastelgeschäft finden Sie dazu viele Anleitungen. Oder Sie besuchen mit Ihren Freundinnen vor der Hochzeit einen Workshop, bei dem Sie lernen, mit Blumen zu dekorieren. Möglich etwa unter **www.jollydays.de**. Sie werden sehen, wie viel Spaß es macht, die Dekoration selbst zu machen. Und nebenbei sparen Sie eine Menge Geld.

41 Mit Blumen der Saison dekorieren
SPARPOTENZIAL ●●●

Am günstigsten – und oft auch am schönsten – ist es, wenn Sie mit regionalen Blumen der Saison dekorieren. Fragen Sie Ihren Floristen danach. Die ❶ Checkliste Blumen & Dekoration auf Seite 78/79 hilft Ihnen bei der Kostenübersicht und dabei, die wichtigsten Fragen nicht zu vergessen. Vielleicht gibt es in Ihrer Nähe einen Wochenmarkt? Dann sehen Sie sich dort um und sprechen mit den Anbietern. Einige saisonale Blumen werden hier günstiger angeboten als im Fachgeschäft.

Blumen der Saison können Sie auch in Ihrem Garten selbst anpflanzen oder aber auf einem Blumenfeld selber schneiden. Solch ein Blumenfeld bietet einiges an Dekorationsmöglichkeiten: Iris im Mai, Bartnelken ab Juni, Gladiolen, Dahlien und Sonnenblumen ab Juli, Chrysanthemen ab August und dekorative Zierkürbisse ab September.

42 Viel Grün & große Blüten verwenden
SPARPOTENZIAL ●●●

Brautstrauß, Tischgestecke oder Dekorationen sollten viel Grün enthalten – das schafft Volumen und ist damit erheblich günstiger als viele blühende Blumen. Auch Zweige, getrockne-

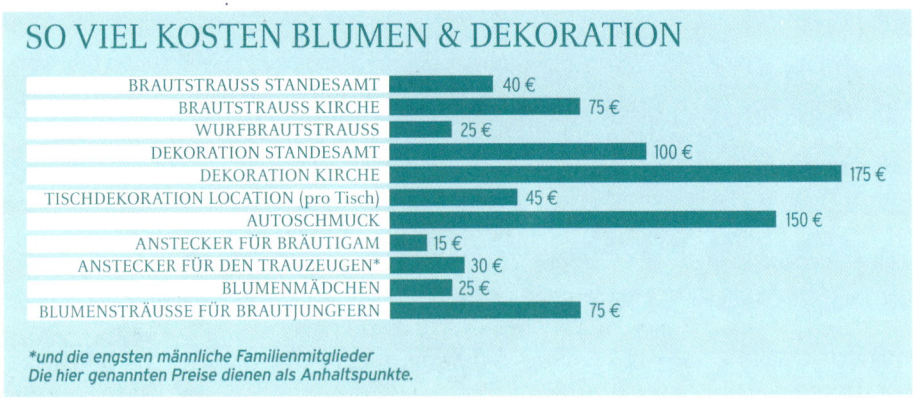

SO VIEL KOSTEN BLUMEN & DEKORATION

BRAUTSTRAUSS STANDESAMT	40 €
BRAUTSTRAUSS KIRCHE	75 €
WURFBRAUTSTRAUSS	25 €
DEKORATION STANDESAMT	100 €
DEKORATION KIRCHE	175 €
TISCHDEKORATION LOCATION (pro Tisch)	45 €
AUTOSCHMUCK	150 €
ANSTECKER FÜR BRÄUTIGAM	15 €
ANSTECKER FÜR DEN TRAUZEUGEN*	30 €
BLUMENMÄDCHEN	25 €
BLUMENSTRÄUSSE FÜR BRAUTJUNGFERN	75 €

*und die engsten männliche Familienmitglieder
Die hier genannten Preise dienen als Anhaltspunkte.

Blumenkalender: Welche Blume blüht wann?

Dekorieren Sie saisonale Blumen, die in Ihrer Region angebaut werden. Gartenbesitzer können Hochzeitsblumen selbst in ihren Blumenbeeten anpflanzen. Fragen Sie auch Freunde, ob sie Blumen aus ihren Gärten beisteuern können.

- Im Frühjahr: Akelei, Anemonen, Flieder, Hyazinthe, Iranischer Blumenlauch, Iris, kleinblumige Nelken, Kornblumen, Krokus, Magnolie, Maiglöckchen, Margeriten, Narzissen, Pfingstrosen, Primeln, Schwertlilien, Skabiosen, Tulpen, Veilchen
- Im Sommer: Akelei, Astern, Bartnelke, Bechermalve, Blaudolde, Brodiaea, Dahlien, Edeldisteln, Fingerhut, Freesien, Gladiolen, Glockenblumen, Goldrute, Hortensien, Hyazinthen, Kapuziner, kleinblumige Nelken, Kokardenblume, Kornblumen, Kugelamarant, Lampionblumen, Landnelken Löwenmaul, Lilien, Lupinen, Margeriten, Mohn, Phlox, Pfingstrosen, Ranunkel, Rosen, Ringelblumen, Rittersporn, Schleierkraut, Schmucklilie, Schwertlilie, Sommeraster, Sommermargeriten, Sonnenblumen, Skabiosen, Sterndolde, Stern-Kugellauch, Stockrosen, Tagetes, Veilchen, Wicken, Zinnien
- Im Herbst: Astern, Dahlien, Fackellilie, Gemeine Schafgarbe, Gladiolen, Goldruten, Kapuziner, Kokardenblume, Lampionblumen, Löwenmaul, Ringelblumen, Rittersporn, Schleierkraut, Skabiosen, Sommermargeriten, Sonnenblumen, Stockrosen, Tagetes, Zinnien, verschiedene Beeren und Zweige
- Im Winter: Christrosen, Iris, Krokus, Schneeglöckchen, Tausendschön, Tulpen, Veilchen, Winterjasmin

te Gräser, Getreideähren, Beeren etc. wirken sehr dekorativ bei Hochzeiten. Oder pflanzen Sie Blumenzwiebeln (Amaryllis, Narzissen, Hyazinthen) in kleine Töpfe oder Gläser. Wenn die Triebe kommen, einfach Dekosteine über die Erde legen – fertig ist Ihre aufblühende Tischdekoration.

Einzelne Blüten in schlichten Vasen machen viel her. Verwenden Sie dafür am besten große Blumen und Blüten in kräftigen Farben (z. B. Lilien, Amaryllis oder Hortensien), da diese mit Grün einfach besser wirken. Die einzelnen Blumen sind zwar teurer, der Vorteil ist aber, dass Sie nicht so viele Blumen benötigen. Neben dem Grün sollten Sie nur eine einzige Blumensorte dekorieren, das wirkt stilvoll und nicht so überladen. Günstige Vasen finden Sie etwa bei Ikea oder unter 🐌 www.baumann-floristik.de. Oder aber Sie dekorieren in schönen Wein- oder Cocktailgläsern. Die Vasen und Gläser können Sie nach der Hochzeit wieder verkaufen oder selber verwenden.

Überlegen Sie, ob in Ihrer Kirche an jeder Bank ein Blumensträußchen dekoriert werden muss. Alternativ dekorieren Sie nur die ersten Reihen oder nur jede zweite Kirchenbank.

In einigen Locations ist es obligatorisch, dass Sie mit der Location auch gleich deren Haus- und Hofforisten mitbuchen müssen. Überprüfen Sie deshalb, ob Sie freie Wahl bei Ihrem Floristen haben, bevor Sie einen Vertrag unterschreiben.

BLUMEN & DEKORATION

43 Brautsträuße für jeden Geldbeutel
SPARPOTENZIAL

Die Preise für den Brautstrauß variieren zwischen 40 und 100 Euro – je nach Blumen und Art der Bindung. Generell gilt: Je komplizierter ein Strauß zu binden ist, desto teurer; so ist ein Biedermeierstrauß günstiger als ein Wasserfallstrauß, da einfacher zu binden. Die günstigste Variante ist, einen Strauß mit den Wunschblumen binden zu lassen und hinterher selbst brautig aufzupeppen, etwa mit Schleifen, Bändern oder Perlen. Der Strauß sollte allerdings nicht zu groß und überdimensioniert sein, sonst bekommen Sie Probleme, wenn Sie ihn den ganzen Tag lang halten müssen.

Noch ein paar Worte zum Thema Brautstrauß: Wenn Sie diesen beim traditionellen Brautstraußwerfen nicht werfen möchten, lassen Sie sich einen Wurfbrautstrauß anfertigen – eine Miniaturkopie des Brautstraußes. Der kleine Strauß könnte vor dem Wurf zum Beispiel den Tisch mit dem Gästebuch schmücken.

MEIN TIPP: Sehr dekorativ ist es, wenn sich einzelne Blumen aus dem Strauß in Ihrem Haarschmuck wiederfinden.

Die schönsten Formen für den Brautstrauß

Abgesehen von Farbe und Blumen können Sie beim Strauß auch verschiedene Formen wählen:
- **Biedermeierstrauß:** Die einzelnen Blumen oder Blüten werden zu einer Kugelform gebunden. Diese einfache Form wirkt sehr elegant.
- **Wasserfall- bzw. Tropfenform:** Fällt mit viel Grün, fließend wie ein Wasserfall und passt sehr gut zu langen Kleidern mit Schleppe.
- **Zepterstrauß:** Moderner Brautstrauß, eignet sich entsprechend für moderner geschnittene Brautkleider. Durch die langen Blumenstiele wirkt er wie ein Königszepter.
- **Armstrauß:** Einfache und klare Linie, wird quer im Arm getragen. Meist besteht er maximal aus sieben Blumen und ist nicht mit aufwendigen Details verziert. Perfekt für schlichte, gerade geschnittene Brautkleider.
- **Armreifstrauß:** Kleiner Strauß, der um das Handgelenk getragen wird, eignet sich für zierliche Bräute mit raffiniert geschnittenen, eng anliegenden Kleidern. Als schlichte Variante auch für Brautjungfern geeignet.
- **Korbstrauß:** Kleiner, meist mit Rosen geschmückter Korb, wird über dem Handgelenk getragen und kann auch abgestellt werden.
- **Fächerstrauß:** Originelles und elegantes Brautbouquet. Verbindet durch seine Fächerform den Brautstrauß mit einem Fächer.

44 Deko am besten leihen oder mieten
SPARPOTENZIAL 🪙🪙

Bei den Deko-Accessoires kommt es auf Kreativität an, da können Sie ruhig ein wenig mischen. Alles, was Sie an Bändern, Girlanden, Schleifen, Lichterketten, Kerzen, Kerzenständern, Glasschüsseln oder Vasen finden können, kommt grundsätzlich für die Deko infrage. Vielleicht kennen Sie auch jemanden, der in letzter Zeit geheiratet hat und von dem Sie nicht mehr benötigte Dekomaterialien leihen oder günstig abkaufen können. Oder aber Sie stöbern bei Freunden und Familie auf dem Dachboden und im Keller und fragen, ob Sie sich die Fundstücke für Ihre Hochzeit borgen können. Merken Sie sich gut, wem was gehört, damit es bei der Rückgabe kein Chaos gibt. Am besten alle geliehenen Artikel mit der Digitalkamera fotografieren, ausdrucken und Fotos beschriften.

Bevor Sie beginnen, Ihre Dekorationsartikel zu kaufen oder zu leihen, sollten Sie bei der Location nachfragen, welche dort schon vorrätig ist. Die Nutzung von Kerzenständern, Vasen und Ähnlichem ist mit etwas Glück im Preis inbegriffen.

Größere Bäume und Pflanzen können Sie mieten, beispielsweise Buchskugeln, Zitrusbäume, ein Jasminspalier oder Bambus. Weitere Infos unter 🪐 www.botanikum.de oder 🪐 mietpflanzen-berlin.de. Der neueste Trend sind festliche Hochzeitsläufer (sogenannte Aisle Runners), über die das Brautpaar auf dem Weg zum Altar schreitet. Das Original gibt es zu kaufen bei 🪐 www.princessday.de. Zu mieten gibt es Aisle Runners unter 🪐 www.topevent-service.de.

INTERNET TIPP

Tolle und erschwingliche Deko-Accessoires finden Sie im Internet unter **www.eventipp.de.** Das Besondere: Die Accessoires sind bereits nach Farbthemen und verschiedenen Mottos sortiert. So bekommen Sie auf den ersten Blick einen guten Eindruck, wie die einzelnen Dekovarianten wirken.

45 Material aus der Natur verwenden
SPARPOTENZIAL 🪙🪙

Wenn Sie mit offenen Augen durch Wald, Felder oder Wiesen gehen, entdecken Sie so manches, das sich hervorragend zur Dekoration eignet. Die meisten Dinge kosten nicht einmal etwas und dürfen legal mitgenommen werden. Weizenähren im Sommer, aufgeblühte Kirschzweige im Frühling, Zweige mit

BLUMEN & DEKORATION

rotem Herbstlaub, Kiefernzapfen im Winter, Muscheln für die maritime Hochzeit, Steine für eine moderne Atmosphäre – Mutter Natur hat einiges zu bieten. Natürliche Dekorationen kommen meist mit wenig Accessoires aus. Sie müssen auch nicht unbedingt kunstvoll drapiert werden, sondern sprechen für sich.

Obst sieht auf den Tischen extravagant aus, duftet wunderbar und schmeckt lecker: Erdbeeren, Physalis, Trauben, Limetten oder Orangen lassen sich gut in großen Glasschalen arrangieren. Der Tipp für die mediterrane Tischdekoration sind Kräuter im Tontopf, etwa Rosmarin, Lorbeer oder Thymian.

MEIN TIPP: Zweige und Gräser sollten unter Augenhöhe bleiben (also maximal 30 cm Stiellänge), damit sich Ihre Gäste ungestört über den Tisch weg unterhalten können.

46 Accessoires aus dem 1-Euro-Shop
SPARPOTENZIAL ◉◉

Ihre Gäste freuen sich bestimmt über eingetopfte Gastgeschenke. Besorgen Sie einige Tage vor der Hochzeit im Baumarkt pro Tisch eine Orchidee oder Amaryllis und Übertopf in der passenden Farbe. Eine Pflanze aus dem Baumarkt kostet etwa drei Euro, einen Übertopf aus Glas bekommen Sie für etwa zwei Euro – eine günstige Tischdekoration und gleichzeitig auch ein tolles Gastgeschenk.

Accessoires wie Dekorationsmaterial oder Bastelzubehör können Sie bei günstigen Gelegenheiten – etwa im Schlussverkauf – nach und nach kaufen. Stöbern Sie in 1-Euro-Shops (oder im Internet unter www.schnäppchenwelten.de, www.eineuroshopping.de, www.nur-kleine-preise.de) nach passenden Kleinigkeiten wie etwa Glasnuggets, Streudekoration, Kerzen oder Malbücher für die kleinen Gäste.

Kerzen bekommen Sie am günstigsten direkt nach Weihnachten, dann müssen die Restbestände verkauft werden, und die Preise fallen. Besonders günstig sind beispielsweise Sets aus vier unterschiedlich hohen Kerzen, die in Rot, Weiß und Gold für Adventskränze angeboten werden. Diese Kerzen sind ideal für die Tischdekoration oder für die stimmungsvolle Dekoration in der Kirche. Der Blick auf die Weihnachtsdeko lohnt sich generell am Ende des Jahres, denn zu Weihnachten werden eine Menge Dekorationsartikel mit Perlen und Strass angeboten. Auch Haushaltswaren wie Vasen, Kerzenleuchter oder Serviettenringe werden in vielen Geschäften sofort nach Weihnachten reduziert.

47 Schöne Deko, auch ohne Blumen
SPARPOTENZIAL ●●

Verwenden Sie viele Kerzen, sie sind günstiger als Blumengestecke und verleihen der Feier vor allem am Abend eine ganz besondere Atmosphäre. Dekorieren Sie diese auf großen Leuchtern (beispielsweise fünfarmige Kandelaber, zu mieten ab 5,50 Euro, 🪐 www.allesfuerihreparty.de) oder in schönen Gläsern, die mit getrockneten Früchten, Beeren oder Sand gefüllt sind. Spiegelplatten unter den Kerzen sorgen für einen schönen Effekt, die Dekoration wird optisch vergrößert. Originell sind auch Schwimmkerzen, die Sie in großen Wasserschalen gemeinsam mit Rosenblättern dekorieren können.

Im Trend liegen runde und bunte Papierlaternen, diese gibt es in vielen Farben, etwa ab 1,50 Euro pro Stück bei 🪐 www.rabeversand.de. Die passenden Lampionkerzen brennen zwischen eineinhalb bis zwei Stunden – also sicherheitshalber für genügend Vorrat an Kerzen sorgen.

Farbige Bänder passend zu Ihrem Hochzeitsthema geben Ihren Tischen den letzten Schliff. Kaufen Sie die Bänder nur auf Rollen, 50 Meter Tüllband gibt es etwa bei 🪐 www.stoff4you.de bereits ab 7,50 Euro.

Zu Sträußen gebundene Herzluftballons sind ein schöner Hingucker, 100 Stück mit einem Durchmesser von 30 cm gibt es für ca. 10 Euro unter 🪐 www.luftballon-markt.de.

EXTRA TIPP

Fragen Sie bei Ihrem Floristen nach, ob er Ihnen ältere Rosen, die sonst auf dem Müll landen würden, günstig verkauft. Mit verstreuten Blütenblättern kann man eine tolle Tischdekoration zaubern.

48 Deko, Tischkarte, Give-away: 3 in 1
SPARPOTENZIAL ●●

Tischdekoration, Tischkarte und Gastgeschenk: Das heißt dreimal Geld ausgeben und dreimal kreativ sein. Warum nicht alles in einem? Das können beispielsweise kleine Schokoladentafeln sein, die mit einer Banderole verpackt und mit dem Namen des Gastes beschriftet werden. Essbares, wie Cupcakes oder Äpfel, können Sie auf einer dekorativen Etagere drapieren (etwa von Ikea, 3-fach-Etagere für 15 Euro) und Fähnchen mit den Namen hineinstecken.

BLUMEN & DEKORATION

EXTRA TIPP

Erkundigen Sie sich an einer Berufsschule für Floristen, ob die Schüler Ihre Hochzeitsdeko eventuell zu einem günstigen Preis anfertigen können.

DO IT YOURSELF

Beschriften Sie die Autoscheiben mit „Just Married" oder dem Namen des Brautpaares. Den weißen Malstift für Autofenster gibt es für 10 Euro bei **www.hochzeits-zeit.de**. Die wasserlösliche Farbe lässt sich nach der Hochzeit mit einem Schwamm wieder abwischen.

Herz-Lebkuchen mit den Namen der Gäste in Zuckerguss gibt es unter www.lebkuchen-markt.de. Petit Fours mit dem Namen Ihrer Gäste finden Sie unter www.tortenmacher.com (Preis pro Leckerei etwa 2,90 Euro).

Platzkarten mit Keksen und persönlicher Botschaft können Sie auch selbst erstellen. Dafür Kekse backen und stanzen (etwa mit dem Brigitte-Keks-Ausstecher-Set, Preis ca. 10 Euro unter www.nudelshop-online.de), in eine Klarsichttüte verpacken, Gastnamen auf ein Kärtchen schreiben und befestigen.

Im Sommer sind Herzfächer eine gute Idee. Sie können mit einem wasserfesten Stift beschrieben oder einer bedruckten Transparentfolie beklebt werden, Infos und Bestellung unter www.perfectday-online.de.

49 Styling für das Brautauto
SPARPOTENZIAL

Geschmückte Brautautos sind schön anzusehen und garantieren, dass auf der Autofahrt viel gehupt wird. Aber muss es immer ein großes Blumengesteck auf der Motorhaube sein? Nein. Für das Auto bietet sich als günstige Alternative eine Dekoration mit Schleifenbändern an – vor allem bei schicken Neuwagen oder Oldtimern, die auch ohne große Blumengestecke edel wirken. Große Schleifen, die mit Saugnäpfen auf der Motorhaube befestigt werden können, finden Sie ab 23 Euro bei www.hochzeitsdekorationen.de.

Dekorativ statt eines großen Gestecks auf der Haube sind mehrere kleine Blumendekorationen, etwa einzelne Blumen in Satintüten. Das Gesteck wird mit einem Saugnapf am Brautauto befestigt. Einfach Wasser in das Orchideen-Röhrchen einfüllen, am Auto befestigen, Blumen einstecken – und schon ist die Autodeko fertig. Die Spitztüten bekommen Sie für knapp 5 Euro bei www.steckschaum-produkte.de.

Die Autofahne „Just Married" ist auch ein Hingucker. Sie wird durch Einklemmen an der Fensterscheibe am Auto befestigt. Erhältlich etwa für 2,90 Euro unter www.flags4you.de. Eine weitere Idee ganz ohne Blumen: ein Hochzeits-Autoaufkleber mit dem Namen des Brautpaares. Erhältlich ab 16 Euro unter www.auto-aufkleber.de. Ein Klassiker: rote Herzluftballons, die an der Stoßstange, und Blechdosen, die an der Anhängerkupplung befestigt werden.

Wer auch kirchlich heiratet, könnte für die Fahrt zum Standesamt ganz auf ein geschmücktes Auto verzichten.

50 Blumen clever mehrfach verwenden
SPARPOTENZIAL ●●●

PERSÖNLICHE NOTE

Einfache Stühle hübsch machen: Stuhlhussen sorgen für eine edle Optik. Sie werden ab 1,50 Euro pro Stück vermietet etwa unter **www.deko-point-gifhorn.de**. Achten Sie darauf, dass die Hussen über die Stühle der Location passen. Und fragen Sie nach, ob Reinigung, Bügeln und Versand im Preis inklusive sind.
Um der Deko eine persönliche Note zu verleihen, können Sie die Hussen aus Organzastoff selbst gestalten und hinten mit einer farbigen Schleife, Blume oder einer Efeugirlande schmücken.

Erkundigen Sie sich bei Ihrer Location oder per Kleinanzeige nach Hochzeiten, die am Vortag gefeiert werden, und bieten Sie dem anderen Brautpaar an, sich die Kosten für die Blumen zu teilen. Günstiger kommen Sie garantiert nicht an Blumendeko für Ihre Feier.

Für die Dekoration in der Kirche gilt: Lassen Sie sich an einem Tag trauen, der in der Nähe eines religiösen Feiertages liegt – die meisten Kirchen sind zu diesen Zeiten sowieso schön dekoriert. Oder aber teilen Sie sich die Kosten für die Dekoration der Kirche mit anderen Brautpaaren, die dort an diesem Tag heiraten. Fragen Sie Ihren Pfarrer, ob eine Blumendekoration in der Kirche standardmäßig vorhanden ist, etwa Buchsbäume, die vor dem Kircheneingang stehen. Vielleicht dürfen Sie diese mit Schleifen in Ihren Hochzeitsfarben dekorieren.

Die Blumendekoration Ihres Autos können Sie für die Dekoration des Buffets nutzen, Brautstrauß und die Blumen der Brautjungfern können als Tischdekoration dienen. Klären Sie auch mit dem Pfarrer, ob Sie den Blumenschmuck von Ihrer kirchlichen oder freien Trauung zum Sektempfang in der Location mitnehmen können. Oder aber Sie stellen das Altargesteck auf Ihrem Brautpaartisch wieder auf.

Verschenken Sie die Blumen nach der Feier an Ihre Hochzeitsgäste, oder spenden Sie sie einem Krankenhaus, Senioren- oder Pflegeheim. Beauftragen Sie einen Freund, die Blumen nach der Feier einzusammeln und am nächsten Morgen mit den besten Grüßen des Brautpaares dort hinzubringen.

CHECKLISTE
BLUMEN & DEKORATION

	Florist 1	Florist 2	Florist 3
Name Florist			
Adresse			
Telefonnummer			
E-Mail			
Internet			

	Angebot 1	Angebot 2	Angebot 3
Brautstrauß Standesamt			
Brautstrauß Kirche			
Wurfbrautstrauß			
Dekoration Standesamt			
Dekoration Kirche			
Dekoration Location			
Autoschmuck (Standesamt)			
Autoschmuck (Kirche)			
Anstecker für Bräutigam			
Anstecker Trauzeugen & Familienmitglieder			
Blumenmädchen			
Blumensträuße für Brautjungfern			
Sonstiges			
Gesamtkosten			

FRAGEN AN DEN FLORISTEN

1. Allgemeines

Dekorieren Sie selbst unsere Hochzeit?

Sind Sie ausgebildeter Florist?

Wie viele Hochzeiten haben Sie bereits dekoriert?

Worauf sind Sie spezialisiert?

Können Sie uns Fotos Ihrer Arbeit zeigen?

Wie viele Hochzeiten dekorieren Sie pro Jahr?

Warum sollten wir uns für Sie entscheiden?

2. Unsere Hochzeit

Haben Sie bereits Hochzeiten in unserem Stil und in unserer Größenordnung dekoriert?

Welche Blumen würden Sie passend zu unserem Farbmotto, zu Jahreszeit und Stil der Hochzeit empfehlen?

Können wir auch Last-Minute noch Kleinigkeiten dazubestellen?

Können Sie auch Vasen und andere Accessoires zur Verfügung stellen?

Können wir die Dekorationen mehrfach verwenden, etwa für Kirche und Location?

Wann bereiten Sie die Dekoration vor?

Um welche Uhrzeit werden Sie an die Location kommen?

3. Kosten

Wie viel geben andere Brautpaare im Schnitt bei Ihnen für Blumendekoration aus?

Gibt es extra Kosten für Anlieferung, Anfahrt oder Aufbau?

Ist eine Anzahlung fällig?

Wann muss die Rechnung bezahlt werden?

ESSEN UND TRINKEN

- Gästeliste clever kürzen
- Regionale Speisen
- Das Kleingedruckte genau lesen
- Buffet, Menü & à la carte
- Küche auf Rollen
- Küche in Eigenregie

ESSEN & TRINKEN

Das Teuerste an der Hochzeit ist die Bewirtung Ihrer Gäste. Ein feines mehrgängiges Menü im Restaurant oder ein leckeres Buffet in Eigenregie, kreative Cocktails oder Sektbowle, klassische Hochzeitstorte oder trendige Cupcakes. Wenn Sie beim Thema Essen und Trinken klare Prioritäten setzen, können Sie am meisten sparen.

- Versteckte Kosten
- Hochzeitstorte für jedes Budget
- Kork- und Tellergeld
- Alkohol mit Limit

Fotos: © Milkos, © Lucky Dragon, © Ruth Black - Fotolia.com

ESSEN & TRINKEN

EXTRA TIPP

Abonnieren Sie Newsletters von Metro, Fegro & Co sowie den eines Weinhandels in Ihrer Nähe. So entgehen Ihnen garantiert keine Sonderangebote.

51 Gästeliste clever kürzen
SPARPOTENZIAL ●●●

Im Durchschnitt geben deutsche Brautpaare pro Gast rund 70 Euro für Essen und Getränke aus. 20 Gäste mehr bedeuten folglich rund 1.400 Euro höhere Kosten. Es liegt auf der Hand: Die schnellste und effektivste Art, Ihre Kosten zu reduzieren, besteht darin, die Gästeliste durchzugehen und zu kürzen. Versuchen Sie dabei, sich auf die wichtigsten Menschen, die Ihnen beiden wirklich etwas bedeuten, zu beschränken.

Eine andere Idee wäre, Ihre Gäste auf verschiedene Events aufzuteilen. So könnten zum Polterabend alle Freunde, Bekannte, Kollegen und Nachbarn kommen, die Feier an sich findet dann im engeren Familien- und Freundeskreis statt.

Alternative: Sie laden zur kirchlichen Trauung mehr Leute ein, denen Sie anschließend Sekt und Fingerfood anbieten. Die Feier am Abend findet dann in einem kleineren Kreis statt.

Das funktioniert auch nach der standesamtlichen Trauung. Sie geben im Standesamt oder in der Nähe einen Sektempfang in größerer Runde, danach ist erst einmal Pause. Am Abend gehen Sie dann nur mit Ihren Eltern, Schwiegereltern und den Trauzeugen essen.

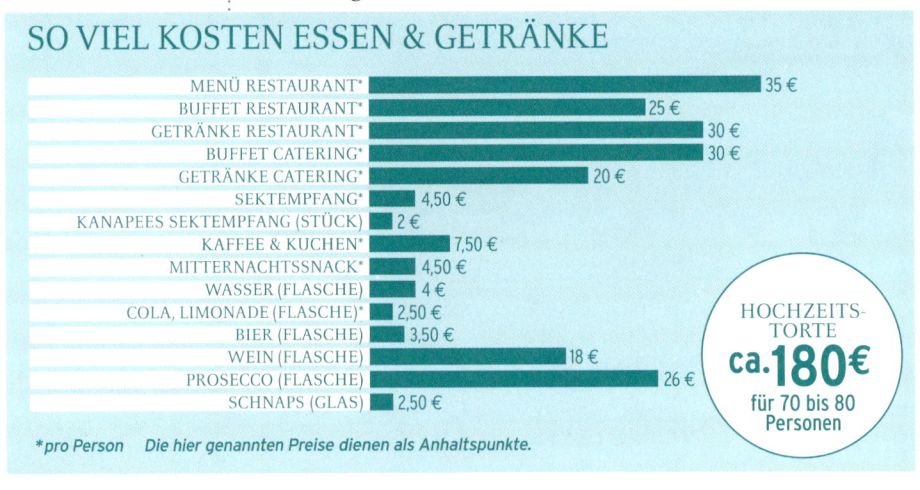

SO VIEL KOSTEN ESSEN & GETRÄNKE

MENÜ RESTAURANT*	35 €
BUFFET RESTAURANT*	25 €
GETRÄNKE RESTAURANT*	30 €
BUFFET CATERING*	30 €
GETRÄNKE CATERING*	20 €
SEKTEMPFANG*	4,50 €
KANAPEES SEKTEMPFANG (STÜCK)	2 €
KAFFEE & KUCHEN*	7,50 €
MITTERNACHTSSNACK*	4,50 €
WASSER (FLASCHE)	4 €
COLA, LIMONADE (FLASCHE)*	2,50 €
BIER (FLASCHE)	3,50 €
WEIN (FLASCHE)	18 €
PROSECCO (FLASCHE)	26 €
SCHNAPS (GLAS)	2,50 €

HOCHZEITSTORTE **ca. 180 €** für 70 bis 80 Personen

*pro Person   Die hier genannten Preise dienen als Anhaltspunkte.

52 Lesen Sie das Kleingedruckte
SPARPOTENZIAL ◉◉◉

Bevor Sie das Menü buchen, lesen Sie Ihren Vertrag und die Allgemeinen Geschäftsbedingungen sehr genau durch. Sind Vorauszahlungen fällig? Wann müssen Sie die Rechnungen begleichen? Was passiert, wenn Ihre Hochzeit doch nicht stattfinden kann? Wann müssen Sie die endgültige Anzahl der Gäste mitteilen? Was passiert, wenn vereinbarte Anfangs- oder Schlusszeiten Ihrer Feier nicht eingehalten werden?
Generell gilt: Buchen Sie Kindermenüs für alle Gäste unter 11 Jahren und, wenn möglich, ein spezielles Menü für Jugendliche bis 18 Jahre – in der Regel das Essen der Erwachsenen, nur ohne alkoholische Getränke. Klären Sie auch, wie das Thema Trinkgeld gehandhabt wird. Einige Locations bieten Brautpaaren vor der Hochzeit ein Probeessen inklusive Weinprobe an. Hier haben Sie die Möglichkeit, Ihr Menü und verschiedene Weine zu probieren und sich dann auf die exakte Menüfolge festzulegen. Üblich ist, dass das Probeessen für das Brautpaar gratis ist, weitere Teilnehmer zahlen den normalen Preis. Fragen Sie im Vorfeld danach.

EXTRA TIPP

In Bayern gibt es den Brauch des sogenannten Mahlgeldes. Er besagt, dass jeder Gast zusätzlich zu seinem Geschenk dem Brautpaar mindestens die Summe des Mahlgeldes (also der Betrag, den die Gastgeber pro Person für das Essen zahlen) in einem Kuvert übergibt. Dieser Brauch ist heute allerdings nicht mehr allzu verbreitet und ruft eventuell bei norddeutschen Gästen, die ihn gar nicht kennen, Irritationen hervor.

53 Kein Aufpreis für regionale Speisen
SPARPOTENZIAL ◉◉◉

Wie bei Blumen sollten Sie auch beim Essen darauf achten, Obst, Gemüse und Salate der Saison und der Region zu verwenden. Erdbeeren im Winter oder Spargel im Herbst – das ist möglich, aber auch sehr teuer, da die Produkte importiert werden müssen. Planen Sie Ihr Menü also rund um das saisonale Angebot. Der Saisonkalender auf Seite 85 zeigt, welches Obst und Gemüse wann bei uns wächst. Vermeiden Sie allzu teure Speisen wie Meeresfrüchte, Edelfisch oder Rind. Statt Hors d'œuvres können Sie Brot und leckere Dips anbieten, statt Fingerfood oder Kanapees beim Sektempfang sind Käsestangen und Laugengebäck eine leckere Alternative.

ESSEN & TRINKEN

STOLPER-STEIN

Denken Sie daran, dass unter Ihren Gästen auch Veganer, Vegetarier oder Laktoseintolerante sein können. Erkundigen Sie sich am besten vorab nach Sonderwünschen.

EXTRA TIPP

Plastiksektgläser sind teuer und landen nach dem Sektumtrunk zumeist im Müll. Besser und viel umweltfreundlicher: Fragen Sie in Ihrem Standesamt, ob dort Sektgläser verliehen werden. Auch Geschirr kann man mieten – das ist jedoch nicht immer die günstigste Alternative. Manchmal lohnt es sich eher, bei Ikea oder einem Gastro-Großhandel Gläser, Teller und Besteck zu kaufen und bis zur nächsten Feier im Keller aufzubewahren.

54 Feine Küche in Eigenregie
SPARPOTENZIAL ●●●

Ein kaltes oder warmes Buffet lässt sich gut selber machen, vor allem bei kleiner Gästezahl. Bestimmt sind viele Gäste bereit, einen Kuchen zu backen oder einen Salat vorzubereiten. Überlegen Sie unbedingt vorher, was genau das Buffet beinhalten soll und was auch zusammenpasst. Anhand des Speiseplans können Sie Ihren Gästen konkrete Vorschläge machen.

Snacks: Obstteller und Knabbersachen aufstellen. Je nach Jahreszeit bieten sich selbst gepflückte Erdbeeren, Melonen, Kirschen oder Trauben an. Fragen Sie in Ihrem Freundeskreis, ob jemand das Obst vorbereiten mag.

50-Prozent-Buffet: Bestellen Sie ein Fleischbuffet beim Metzger. Salate, Brot und Dips steuert die Familie bei. So kann ein tolles Buffet für 100 Gäste weniger als 500 Euro kosten.

Motto-Buffet: Bieten Sie den Gästen länderspezifisches Essen an, etwa ein italienisches Buffet. Als Vorspeise gibt's Antipasti-Platten, kleine Pizzen, Salate und Ciabatta. Für den Hauptgang kochen Sie verschiedene Nudeln und leckere Soßen. Als Dessert gibt es Tiramisu und Panna Cotta, die in kleinen Gläsern schön vorbereitet und serviert wird.

Dessert: Bitten Sie Ihre Familie, ein paar Torten zu backen. Diese können anstelle eines Dessertbuffets serviert werden.

Mitternachtssnack: Planen Sie eine Hochzeitssuppe ein, die Freunde am Vortag zubereiten. Gute Rezepte finden Sie unter 🌐 www.chefkoch.de.

MEIN TIPP: Keiner erscheint ausgehungert zur Hochzeit. Es bleibt meist jede Menge übrig. Planen Sie also nicht zu üppig.

55 Buffet, Menü oder à la carte
SPARPOTENZIAL ●●●

Ein Buffet bietet sich an, wenn viele Gäste zur Hochzeitsfeier kommen. Es ist die günstigste Lösung und wird oft auch von den Gästen bevorzugt, weil sie selber wählen können. Es gibt einen kleinen Trick, um Kantinen-Atmosphäre und Staus am

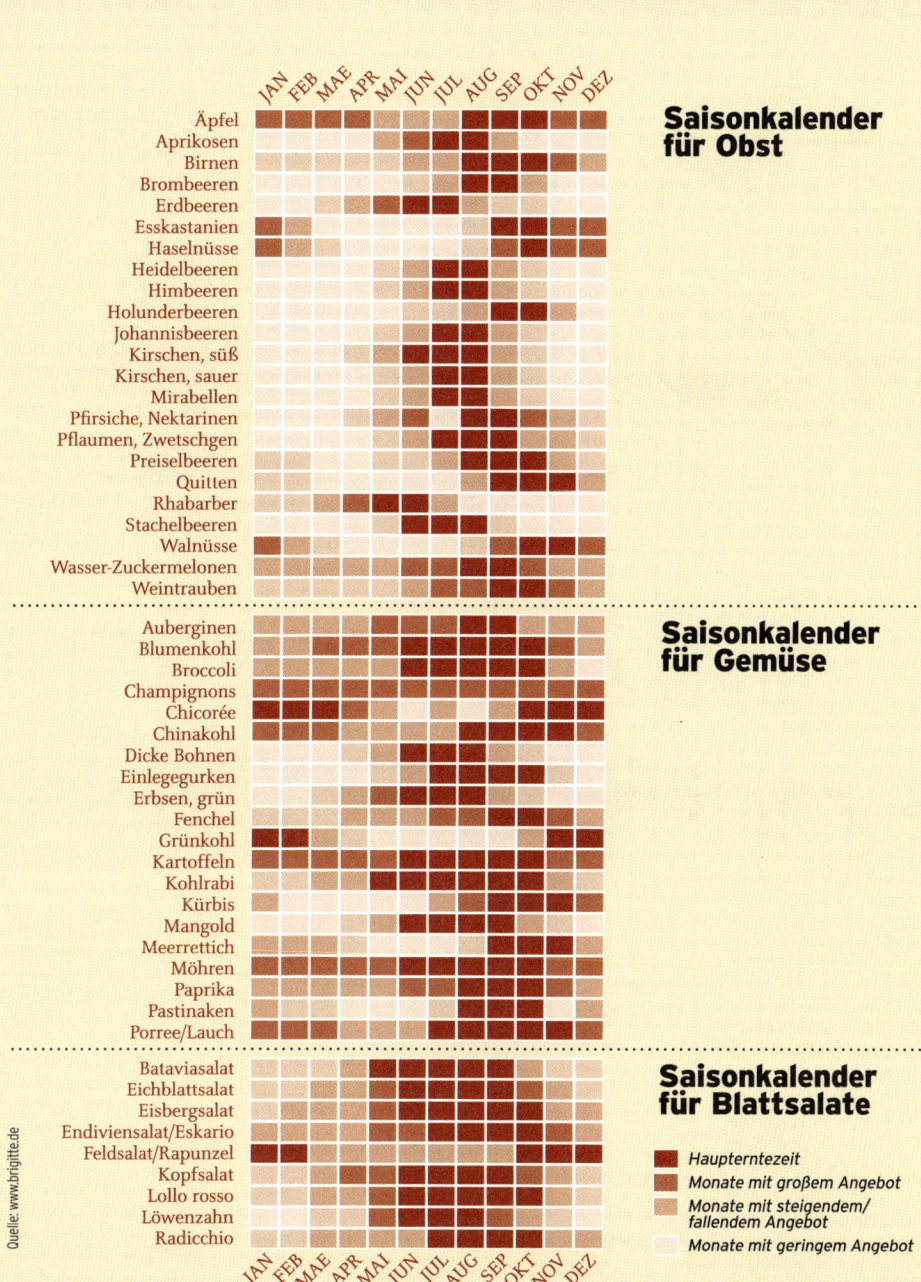

ESSEN & TRINKEN

Buffet zu vermeiden: Stellen Sie die Gäste an den einzelnen Tischen der ganzen Hochzeitsgesellschaft vor, am besten mit kurzen Anekdoten. Ist ein Tisch vorgestellt, dürfen diese Gäste an das Buffet. Und Sie setzen Ihre Rede am nächsten Tisch fort.

Ein Menü sorgt für mehr Ruhe im Saal, ist aber auch teurer. Für ein dreigängiges Menü müssen Sie mit 30 bis 60 Euro pro Person rechnen. Die Vorteile: Bedienung inklusive, keine Kosten für Miete von Tellern, Besteck und Geschirr, kein Stress mit der Vorbereitung.

À la carte als Alternative: Suchen Sie auf der Speisekarte des Restaurants eine Handvoll Gerichte aus, und schreiben Sie sie auf Ihre Hochzeitsmenükarte. So verbinden Sie die Flexibilität des Buffets mit der entspannten Serviersituation. Der Preis liegt sicherlich in der Mitte. Aber der Vorteil ist: Sie bezahlen nur, was wirklich verspeist wurde.

56 Versteckte Kosten beim Catering
SPARPOTENZIAL ●●●

Sie wollen an einem Ort feiern, wo es keine Küche gibt? Sie befürchten, die Küche ist dem Ansturm Ihrer Gäste nicht gewachsen? Sie wollen im eigenen Garten feiern? Da ist ein Party- oder Cateringservice eine gute Wahl. Sie können auch bei einem Caterer nur den Hauptgang bestellen und die Vor- und Nachspeisen selbst machen.

Aber Vorsicht: Wenn Sie Geschirr, Besteck, Tischdecken, Spülservice und Servierpersonal extra zahlen müssen, dann kann die Feier mit dem Cateringservice teuer werden. Teurer sogar als das Essen in einem Gasthaus, bei dem alles inklusive ist. Es ist daher sinnvoll, alle Kosten genau zu prüfen. Sonst stehen schnell mal 20 Euro pro Servicestunde einer Bedienung auf der Rechnung. Erkundigen Sie sich beim Cateringservice, ob nach der Menge der Speisen oder nach der Zahl der Personen berechnet wird. Lassen Sie sich beraten, wie viele Speisen und Getränke Sie brauchen. Und klären Sie ganz genau, welche Leistungen im Preis enthalten sind, ob Fahrkosten abgedeckt

INTERNET TIPP

Rent a Koch: Ihren eigenen Küchenchef können Sie mieten. Er kommt mit seinem Team und kocht bei Ihnen daheim oder in gemieteten Räumen. Das Team bedient Sie, wäscht ab, räumt auf und nimmt das gesamte Equipment, das mitgebracht wurde, wieder mit. Der Preis pro Menü beginnt bei ca. 20 Euro. Infos und Suche unter **www.mietkoch.tv**.

Fotos: © Lucky Dragon - Fotolia.com

sind, bis wann sich die Personenzahl nach oben oder unten korrigieren lässt und welche Kosten bei Stornierung anfallen. Die ausführliche ❶ Checkliste Catering finden Sie ab Seite 90.

57 Küche auf Rollen
SPARPOTENZIAL ●●●

Vielleicht kann es ja auch etwas Ausgefallenes sein – Barbecue im Sommer, Fondue oder Raclette im Winter. Überraschende Angebote, an die sich Ihre Gäste noch lange erinnern werden! Einige Fleischerfachgeschäfte bieten sehr günstig rustikalere Speisen wie Spanferkel oder Spießbraten an – teilweise sogar mit Servicepersonal, das die Spanferkel fachgerecht zerlegt. Oder wie wäre es mit einem Hähnchengriller, der im Servicemobil zu Ihnen kommt. Mehr Infos unter 🌏 www.gaumenschmaus.de. Statt ein Dessertbuffet zu offerieren, könnten Sie einen Eiswagen mieten, etwa unter 🌏 www.eiswagen-mieten.de. Im Trend liegen Cocktailbars, die sich auch mieten lassen, zum Beispiel unter 🌏 www.drink-logistik.de. Der Preis für die Bar liegt inklusive Barkeeper und 100 Cocktails bei 500 Euro.

58 Kork- und Tellergeld im Restaurant
SPARPOTENZIAL ●●●

Viele Restaurants ermöglichen ihren Gästen, Wein, Spirituosen oder auch Kuchen mitzubringen. Auf den ersten Blick eine gute Idee, um die Kosten für das Menü zu senken. Aber Achtung, hier kann der Wirt Kork- oder Tellergeld verlangen.

Mit Korkgeld möchte der Wirt seinen Aufwand entschädigt haben – Servieren, Reinigung der Gläser und natürlich das Korkenziehen selbst. Das Korkgeld liegt für Wein etwa bei zwischen 5 und 10 Euro pro Flasche, bei Spirituosen kann es bis auf stolze 30 Euro steigen.

Kaufen Sie Getränke auf Kommission. Was übrig bleibt, kann zurückgegeben werden. Bei den hochprozentigen Getränken sollten Sie im Laufe des Jahres auf Sonderangebote achten. Großflaschen Wein oder Spirituosen sind günstiger als normale

Hilfsbereite Freunde und Bekannte könnten sich abwechselnd als KellnerInnen betätigen, das benutzte Geschirr abräumen und spülen, für Getränke-Nachschub sorgen oder das Dessertbuffet aufbauen.

Suchen Sie in Ihrer Nähe nach einem Ausbildungszentrum für Köche. Dort können Sie vielleicht Auszubildende als Köche und Servicepersonal engagieren. Achten Sie darauf, dass auch die Ausbilder zum Fest kommen. So gehen Sie sicher, dass das Essen in guter Qualität serviert wird.

ESSEN & TRINKEN

Flaschen, beispielsweise bei 🌐 www.weinkauf-einfach.com oder 🌐 www.big-bottle-shop.de.

Auch Kuchen darf in die meisten Restaurants mitgebracht werden. Da dafür die Tische ein- und abgedeckt werden müssen, das Servicepersonal die Kuchen schneidet und serviert und das Geschirr danach gereinigt werden muss, verlangen einige Wirte Tellergeld. Ein bis drei Euro pro Teller sind üblich.

MEIN TIPP: Handeln Sie mit dem Wirt eine Pauschale für Kork- und Tellergeld aus, damit fahren Sie meist günstiger, vor allem wenn Ihre Gäste gern Hochprozentiges konsumieren.

59 Alkohol ja, aber mit Limit
SPARPOTENZIAL ●●●

PERSÖNLICHE NOTE

Bieten Sie Ihren Gästen einen persönlichen Hochzeitsdrink an. Dafür kreieren Sie Ihren eigenen Cocktail, passend zum Motto der Hochzeit. Nicht vergessen: Geben Sie dem Drink einen gut klingenden Namen, und veröffentlichen Sie das Rezept in der Menü- oder Danksagungskarte. Rezepte finden Sie im Internet unter **www.cocktaildreams.de**.

Oftmals sind die Kosten für Getränke höher als für das eigentliche Essen. Gut 40 Euro pro Gast geben deutsche Brautpaare im Schnitt für Getränke aus. Hier die besten Tipps, um diese Kostenposition zu reduzieren:

Grenzen Sie die Wahl der alkoholischen Getränke ein, und verwenden Sie Sekt, Champagner oder Punsch nur zum Anstoßen. Bieten Sie am Nachmittag keinen Cappuccino und Latte Macchiato an, sondern normalen Kaffee aus der Kanne – Kaffeespezialitäten können ins Geld gehen. Verzichten Sie auf Säfte, vor allem auf frisch gepresste. Servieren Sie Ihren Lieblingscocktail, statt eine ganze Bar zur Verfügung zu stellen. Bieten Sie nach dem Essen gezielt eine Runde Digestif an, um die Ausgabe von Alkohol unter Kontrolle zu behalten.

MEIN TIPP: Wenn es eine Bar mit freiem Ausschank gibt, schließen Sie diese zu einer bestimmten Uhrzeit. Von da an müssen die Gäste die hochprozentigen Drinks selbst zahlen.

60 Hochzeitstorten für jedes Budget
SPARPOTENZIAL ●●

Die Hochzeitstorte, von der jeder Gast ein Stück bekommt, ist für viele Brautpaare ein wichtiger Bestandteil der Hochzeit.

Klassische Hochzeitstorte, Motivtorte, Herztorte oder fruchtige Obsttorte? Wenn Sie unschlüssig sind, wie Ihre Traumtorte aussehen soll, hilft die Seite 🌐 www.zuckertraum.de. Hier werden Sie Schritt für Schritt zur passenden Torte geführt. Die Größe der Torte ist abhängig von der Anzahl der Gäste. Wenn Sie Ihre Torte bestellen, müssen Sie also die genaue Gästeanzahl angeben. Sie können die Zahl aber um 5 bis 10 Prozent reduzieren, sicher mag nicht jeder ein Stück Torte, vielleicht ist jemand auf Diät oder darf aus gesundheitlichen Gründen nichts Süßes essen. Für Gäste, die keine üppige Torte mögen, sollten Sie zudem Alternativen wie Obstkuchen anbieten.

Die Hochzeitstorte müssen Sie auch nicht zwangsläufig beim besten Konditor der Stadt bestellen. Wenn Sie Ihre Backwaren immer in der gleichen Konditorei kaufen, können Sie hier nachfragen, ob diese auch Hochzeitstorten herstellt. Vielleicht können Sie einen Rabatt bekommen, weil man Sie kennt. Auch im Internet haben sich viele Bäckereien darauf spezialisiert, besondere Torten herzustellen, etwa 🌐 www.sugardreams.de oder 🌐 www.nethens-traumtorten.de.

Einstöckige Torten sind günstiger als mehrstöckige. Das Gleiche gilt für die Tortenform – günstiger als eine Motivtorte ist die klassische runde Form, die auf einzelnen Etageren dekoriert wird. Besondere Dekor-Vorstellungen kosten auch mehr. Halten Sie das Dekor deshalb möglichst einfach, oder bestellen Sie nur die Torte, und dekorieren Sie sie selbst. Hübsche Tortendekoration gibt es günstig bei 🌐 www.alleszumbacken.de.

MEIN TIPP: Verwenden Sie für die Tortendekoration frische Blumen anstatt Blumen aus Zucker und Marzipan. Essbare Blüten finden Sie bei 🌐 www.essbare-landschaften.de oder 🌐 www.fleurcuisine.de.

Vielleicht geht es auch ohne klassische Hochzeitstorte? Die Alternative: Bieten Sie süßes Fingerfood an – also viele kleine bunte Häppchen. Oder Torte à la Traumschiff: Licht aus, romantische Musik an, und eine Eistorte fährt mit funkelnden Wunderkerzen in den Raum. Oder Sie bestellen eine kleine, extravagante Hochzeitstorte nur für das Brautpaar. Der Rest der Gäste darf sich am normalen Kuchenbuffet satt essen.

Geschichtete Cupcakes sind eine tolle Alternative zur traditionellen Hochzeitstorte und können bis zur Hälfte weniger kosten als eine verzierte Torte, sehen aber genauso festlich und farbig aus. Da Rezepte für Cupcakes sehr einfach sind, können Sie die gestapelte Hochzeitstorte auch selbst herstellen. Es ist durchaus möglich, die Cupcakes bereits am Vortag zuzubereiten. Die Sahne muss natürlich frisch sein. Inspirationen unter **www.cupcakeberlin.de** oder **www.jennys-cupcakes.de**.

CHECKLISTE
CATERING

	Caterer 1	Caterer 2	Caterer 3
Name			
Adresse			
Telefonnummer			
E-Mail			
Internet			

	Angebot 1	Angebot 2	Angebot 3
Sektempfang			
Buffet			
Menü 1			
Menü 2			
Menü 3			
Menü für Kinder			
Dessertbuffet			
Kuchen			
Hochzeitstorte			
Mitternachtssuppe			
Wasser (Flasche)			
Cola, Limonade (Flasche)			
Wein (Flasche)			
Bier (Flasche)			
Prosecco (Flasche)			
Schnaps (Glas)			
Cocktail (Glas)			
Gesamtkosten			

FRAGEN AN DEN CATERER

1. Allgemeines

Sind Sie hauptberuflich Caterer?	
Wie viele Hochzeiten haben Sie bisher betreut?	
Beschäftigen Sie ausgebildete Köche?	
Wie lange arbeiten Sie schon als Caterer?	
Warum sollten wir uns für Sie entscheiden?	
Worauf haben Sie sich im Unterschied zu anderen Caterern spezialisiert?	
Besitzen Sie die nötigen Lizenzen und Papiere?	

2. Unsere Hochzeit

Haben Sie bereits eine Hochzeit in unserer Größenordnung betreut?	
Können wir bei Ihnen ein Probeessen veranstalten?	
Wie viele Leute können an dem Probeessen teilnehmen?	
Fallen für das Probeessen Kosten an?	
Welches Equipment benötigen Sie?	
Bringen Sie das benötigte Equipment mit?	
Buffet: Selbstbedienung oder mit Servicepersonal?	
Wie viel Servicepersonal planen Sie pro Gast ein?	
Kostet das Servicepersonal für das Buffet extra?	
Können Sie Servicepersonal zur Verfügung stellen?	

FRAGEN AN DEN CATERER

Wann bereiten Sie das Essen für unsere Hochzeit vor?

Um welche Uhrzeit werden Sie an die Location kommen?

Können Sie Tischdecken, Kerzenständer, Besteck, Geschirr, Gläser, Stühle, Tische zur Verfügung stellen?

Zu welchem Zeitpunkt müssen wir Ihnen die finale Gästezahl nennen?

Gehören zur finalen Gästezahl die Musiker, Entertainer, Fotografen etc.?

Können zusätzlich vegetarische Speisen bereitgestellt werden?

3. Alkoholische Getränke

Kostet der Barkeeper extra?

Können Sie alkoholische Getränke, Wasser, Säfte etc. mitanliefern?

Können eigene Getränke mitgebracht werden?

Fällt Korkgeld an? Wenn ja, wie viel?

Kann Eis oder eine Eismaschine für die Cocktails zur Verfügung gestellt werden?

4. Hochzeitstorte

Können Sie die Hochzeitstorte aufschneiden?

Entstehen für das Schneiden zusätzliche Kosten?

Können wir die Hochzeitstorte auch bei Ihnen bestellen?

Fällt Tellergeld an? Wie viel?

5. Kosten

Gibt es spezielle Preise für das Essen der Musiker, Entertainer, Fotografen etc.?

Bieten Sie spezielle Preise für Kinder an?

Müssen wir eine Anzahlung leisten? Wenn ja, wann und wie viel?

Können wir auf Raten bezahlen? Wenn ja, wann ist die letzte Rate fällig?	
Ist das Trinkgeld im Gesamtpreis bereits enthalten? Falls nein, wie hoch ist der prozentuale Anteil?	
Wie viel berechnen Sie für Überstunden?	
Sind Kosten für Aufbau und Reinigung im Gesamtpreis enthalten?	
Fallen Kosten für die Anreise an?	
Bekommen wir einen schriftlichen Vertrag?	
Wie sind die Stornobedingungen?	
Was passiert mit dem übrig gebliebenen Essen?	

6. Sonstige Fragen

FOTO, VIDEO & MUSIK

- Profis für die Highlights
- Junge Talente suchen
- Den besten Fotografen finden
- Internet-Auktionen nutzen
- Allround-talent als DJ
- Video in Gemeinschaftsproduktion

FOTO, VIDEO & MUSIK

Drehen Sie bloß nicht jeden Cent um, wenn es um die Auswahl des Fotografen geht. Hochzeitsbilder sind das wertvollste Erinnerungsstück. Und das sollten Sie besser Profis anvertrauen. Liveband oder DJ? Das ist nicht nur eine Frage des Budgets. Mit cleverer Planung können Sie sich vielleicht sogar beides leisten.

- Bilder günstig nachbestellen
- Musik für die kirchliche Trauung
- Livebands buchen
- Musik für das Standesamt

Fotos: © idee23 - Fotolia.com/iStockphoto

FOTO, VIDEO & MUSIK

61 Es müssen nicht immer Profis sein
SPARPOTENZIAL ◉◉◉

Gibt es in Ihrer Familie oder im Freundeskreis Leute, die gut fotografieren oder filmen können? Tanzt Ihre beste Freundin seit Jahren in einer Showtanzgruppe? Singt Ihre Tante mit Begeisterung in einem Gospelchor? Oder hat der Trauzeuge des Bräutigams komödiantisches Talent und bietet sich als Zeremonienmeister an? Wenn ja, spannen Sie Ihre Gäste ein!

Wichtig ist, dass Ihre Hochzeitshelfer frühzeitig in die Planung miteinbezogen werden. Verteilen Sie deshalb einen genauen Ablaufplan vom Hochzeitstag inklusive geplante Uhrzeiten an alle Mitwirkenden. Die Fotografen und Videofilmer sollten zudem vorher alle Locations mit Ihnen besichtigen und wissen, was wann wo passiert. Die Showtanzgruppe sollte wissen, wo sie sich umziehen kann, und braucht vor dem Auftritt meist eine Generalprobe auf der Tanzfläche. Ihre singende Tante sollte mit Ihnen die Kirche besichtigen, damit sie weiß, wo und wie der Chor stehen kann.

Wer so spart, sollte einen ganz persönlichen Hochzeitsplaner engagieren – vielleicht die Trauzeugin oder eine organisatorisch

---

SO VIEL KOSTET FOTO, VIDEO & MUSIK
Die hier genannten Preise dienen als Anhaltspunkte.

FOTO

- **PAKETPREIS ca. 500 €** – 3 Stunden Anwesenheit, 150 digital bearbeitete Fotos, Retusche, 150 Fotos aus dem Fachlabor
- **STUNDENBASIS ca. 100 €/Std.** – Bildbestellungen: ca. 7 Euro (Erstabzug), ca. 4 Euro (Nachbestellung)
- **HOCHZEITSALBUM ca. 250 €** (Ledereinband) vom Fotografen erstellt

VIDEO

- **PAKETPREIS VIDEOFILMER ca. 750 €** – 3 Stunden Anwesenheit, Schnitt & Nachbearbeitung zu 60-minütigem Video, DVD mit animierten Menüs
- **ZWEITER KAMERAMANN ca. 200 €**
- **STUNDENBASIS VIDEOFILMER ca. 100 €/Std.** – Schnitt und Nachbearbeitung von 60-minütigem Video ca. 350 Euro

MUSIK

- **KIRCHE ca. 250 €** für ein Duo (Gesang & Instrument), ca. 500 Euro für einen Gospelchor, ca. 600 Euro für ein Streichquartett
- **STANDESAMT ca. 100 €** für einen Pianisten
- **BAND ca. 50 €** pro Musiker und Stunde
- **ALLEINUNTERHALTER ca. 40-80 €** pro Stunde
- **DJ ca. 30-60 €** pro Stunde

Fotos: © Photowitch | Dreamstime.com

begabte Freundin –, der/die am Hochzeitstag alle Helfer und Dienstleister koordiniert. Nach der Hochzeit bekommen alle Helfer eine besondere Danksagungskarte und einen Blumenstrauß oder eine gute Flasche Wein als Dankeschön.

62 Jungen Talenten eine Chance geben
SPARPOTENZIAL

Hören Sie sich bei Freunden und in der Familie um. Wie sind deren Erfahrungen mit Fotografen, Videofilmern und Musikern? Oder starten Sie eine Anfrage in einem der vielen Hochzeitsforen im Internet. Andere Bräute stehen Ihnen hier gern mit Rat und Tat zur Seite. Lassen Sie sich deren Fotos und Hochzeitsvideos zeigen, und fragen Sie konkret nach, wie viel dafür ausgegeben wurde. Tipps und Kontakte können Ihnen auch Ihre anderen Dienstleister vermitteln – etwa Ihre gebuchte Location. Viele Gastronomen arbeiten seit Jahren mit den gleichen Kollegen zusammen und besitzen ganz hervorragende Referenzlisten.

Besuchen Sie verschiedene Fotografen und Videofilmer, lassen Sie sich deren Arbeitsbeispiele zeigen. Von der Band können Sie eine CD anfordern oder diese bei einem Live-Auftritt – vielleicht auf einer anderen Hochzeit – erleben. Es spricht auch nichts dagegen, Newcomer zu engagieren, wenn Ihnen die bisherige Arbeit gefällt. Viele Fotografen und Videografen, die neu im Geschäft sind, bieten günstigere Preise an.

Ein Gitarrist, Saxofonist oder Pianist bringt Stimmung in die Gesellschaft und kostet nicht viel, wenn er nur stundenweise engagiert wird. Erkundigen Sie sich bei der Musikschule, Musikhochschule, dem Konservatorium oder der Gesangshochschule Ihrer Stadt nach jungen musikalischen Talenten. Vor Ort können Sie auch das schwarze Brett durchforsten, hier bieten viele Studenten günstig ihre Dienste an. Alternativ macht eine Anzeige in einem Forum Sinn. Für Geiger etwa im www.geigen-forum.de, für Gospel im www.gospelszene.de, für Bands und Alleinunterhalter im www.bandboard.de.

Brautpaare unter sich: In Internetforen haben Sie die Möglichkeit, mit anderen Bräuten Erfahrungen auszutauschen. Die Diskussionen sind so vielfältig wie das Thema Hochzeit selbst. Von persönlichen Erfahrungsberichten über themenbezogene Tipps bis hin zu konkreten Hilfestellungen:
www.hochzeitsplaza.de
www.hochzeitsforum.de
www.braut.de
www.hochzeitsforum.org

FOTO, VIDEO & MUSIK

Einige Fotografen bieten in ihrem Package an, ein Hochzeitsalbum für Sie zu erstellen. Die günstigere Variante: Machen Sie das Fotobuch selbst. Möglich etwa bei **www.myphotobook.de** oder **www.fotobuch.de**. Ein DIN-A5-Fotobuch mit 24 Seiten bekommen Sie schon ab etwa 10 Euro.

63 Mit Internet-Auktionen sparen
SPARPOTENZIAL ●●

Schauen Sie sich für Dienstleistungen, etwa Catering oder Musik, im Internet um. Dort können Sie oft gute und günstige Angebote finden. Die erste Kontaktaufnahme erfolgt per Mail, bei Gefallen sollten Sie die Dienstleister möglichst schnell kennenlernen und sich persönlich von deren Fähigkeiten überzeugen! Um wegen hoher Dienstleistungskosten nicht auf etwas verzichten zu müssen, was Sie eigentlich gern auf Ihrer Hochzeit hätten, können Sie auf Dienstleistungsauktionen im Internet zurückgreifen. Hier stellt man einfach seinen Auftrag ein (beispielsweise: Suche Hochzeitsfotografen) und erhält verschiedene Angebote entsprechender Dienstleister. Immer mehr Brautpaare nutzen solche Auktionen, um die gewünschte Dienstleistung zu einem bezahlbaren Preis zu bekommen.
Eine dieser Auktionsplattformen ist ✎ www.myhammer.de. Wer hier nicht fündig wird, kann auch eine günstige Kleinanzeige schalten, etwa bei ✎ www.kagiweb.de oder ✎ http://kleinanzeigen.ebay.de/anzeigen/.

64 Video in Gemeinschaftsproduktion
SPARPOTENZIAL ●●●

Die Kosten für einen professionellen Videofilmer, der Sie den ganzen Tag begleitet, liegen bei rund 1.000 Euro. Einen Preiskalkulator für Hochzeitsvideos finden Sie im Internet unter ✎ www.das-hochzeits-video.de.
Wer sich keinen Videoprofi leisten mag, fragt alternativ zwei Freunde, die eine Videokamera besitzen, ob diese sich bereit erklären zu filmen. Drücken Sie einem weiteren Hochzeitsgast eine dritte Kamera in die Hand: Je mehr Personen filmen, desto besser.
Profis wissen, was sie wo wann wie aufnehmen müssen. Geben Sie deshalb allen Laien-Videofilmern eine Liste mit den gewünschten Motiven an die Hand. Die ❶ Checkliste Videomotive finden Sie auf Seite 107.

Ist Ihnen doch ein Profi lieber? Dann achten Sie darauf, dass er allein nur mit einer Kamera statt mit zwei oder drei Kameras (und Mitarbeitern) die unterschiedlichen Perspektiven filmt. So wird es deutlich günstiger.

Fragen Sie nach der Hochzeit nach dem Rohmaterial. Sie können den Film dann vielleicht selber schneiden oder von einem talentierten Bekannten bearbeiten lassen. Oder Sie engagieren einen Studenten aus einem entsprechenden Ausbildungsgang, etwa einen Mediengestalter, oder einen Studenten der Hochschule für Audiovisuelle Medien.

65 Profi-Fotograf nur für die Highlights
SPARPOTENZIAL

Auch wenn der Hochzeitstag auf Video festgehalten wird, sollten Sie deshalb nicht auf einen professionellen Fotografen verzichten – die Hochzeitsfotos sind wichtige Erinnerungsstücke, die Sie Ihr ganzes Leben lang begleiten werden!

Natürlich kann ein Gast, der eine gute Kamera besitzt, auch schöne Fotos machen. Aber um böse Überraschungen nach der Hochzeit zu vermeiden, sollten Sie an einem professionellen Hochzeitsfotografen nicht sparen. Ein Profi bietet die Konzentration, das Fingerspitzengefühl und die Erfahrung, im richtigen Augenblick das gewünschte Motiv zu erwischen. Das können Sie von Onkel Bert nach einigen Gläsern Sekt nicht erwarten, mag sein Equipment auch noch so teuer sein.

Die Bilder von der Feier können dann die Freunde mit ihren Digitalkameras – je mehr, desto besser – übernehmen. Überlegen Sie auch hier genau, welche Motive Sie haben wollen (siehe ❶ Checkliste Bildmotive, Seite 105), und instruieren Sie die freiwilligen Fotografen. Einwegkameras gibt es etwa bei 👉 www.fotopoint.de (10 Hochzeitskameras für ca. 30 Euro). Damit können die Gäste zusätzlich Schnappschüsse machen.

MEIN TIPP: Buchen Sie den Profi nicht für den ganzen Tag und die ganze Nacht. Es reicht aus, ihn stundenweise für die offiziellen Hochzeitsbilder mit Verwandten, Kirche, Sektempfang und Brautwalzer zu engagieren.

EXTRA TIPP

Viele Fotografen geben einen Rabatt, wenn sie Ihre Fotografien für Eigenwerbung veröffentlichen dürfen. Das kann bis zu 100 Euro Preisunterschied ausmachen. Wenn Sie damit kein Problem haben, fragen Sie nach dieser Option.

STOLPERSTEIN

Generell bieten Fotografen zwei verschiedene Preismodelle an: Einige verlangen einen geringen Grundpreis für das Hochzeits-Shooting, dafür sind die Folgekosten (Entwicklung der Bilder, digitale Bereitstellung auf DVD) sehr hoch. Andere bieten Paketpreise inklusive aller Bilder auf CD/DVD mit privaten Nutzungsrechten an. Prüfen Sie genau, welche Leistungen im Honorar inbegriffen sind und welche nicht.

FOTO, VIDEO & MUSIK

EXTRA TIPP

Die guten Bands sind oft drei bis sechs Monate im Voraus ausgebucht. Gerade die begehrten Sommertermine für Hochzeiten sind meist recht schnell vergeben. Daher sollten Sie die Wahl der Band möglichst frühzeitig organisieren.

66 Bilder günstig nachbestellen
SPARPOTENZIAL

Klären Sie vorab mit dem Fotografen, ob er Ihnen die hochauflösenden Bilder auf DVD überlässt. So können Sie die Nachbestellungen selber organisieren und müssen die Bilder nicht beim Fotografen direkt bestellen.

Die Hochzeitsfotos können Sie für ein paar Cent online ordern, etwa bei www.foto.com oder www.schlecker.de. Sie müssen sich übrigens nicht verpflichtet fühlen, alle Hochzeitsgäste mit ausgedruckten Bildern zu versorgen. Besser ist eine selbst gebrannte CD mit den Bildern, die Sie zugleich als Dankeskarte überreichen können.

Alternativ können die Bilder in einem Online-Webalbum, etwa www.picasa.google.com, oder auf Ihrer Hochzeitshomepage veröffentlicht werden. Ihre Gäste können sich dann die besten Bilder runterladen und selbst drucken (lassen).

67 Musik für das Standesamt
SPARPOTENZIAL

Was viele nicht wissen: Auch die standesamtliche Trauung kann musikalisch untermalt werden. Fragen Sie Ihren Standesbeamten beim Vorgespräch, ob das Standesamt über ein Klavier verfügt. Wenn ja, kann der Standesbeamte sicherlich auch einen guten und günstigen Pianisten empfehlen.

Die Kosten für den Musiker orientieren sich meistens an der Anzahl der Stücke, die gespielt werden soll (in der Summe zwischen 50 und 100 Euro). Klassiker für romantische Klaviermusik beim Jawort: „Liebestraum" (Franz Liszt), „Reich mir die Hand, mein Leben" (Wolfgang Amadeus Mozart), „Träumerei" (Robert Schumann), „My way" (Frank Sinatra), „I will always love you" (Whitney Houston).

Wenn Sie Ihre eigenen Lieder auf CD mitbringen möchten, klären Sie zuvor ab, ob im Trauzimmer des Standesamtes eine Musikanlage vorhanden ist. Zur Not tut es auch ein tragbares CD-Radio oder ein iPod mit externen Lautsprechern.

Fotos: © idee23 · Fotolia.com

68 Musik für die kirchliche Trauung
SPARPOTENZIAL ●●●

Vielleicht gibt's in Ihrem Verwandten- oder Freundeskreis jemanden mit einer tollen Stimme oder musikalischem Talent. Solche Gesangs- oder Gitarreneinlagen sind oft ein Highlight. Wenn die perfekte musikalische Begleitung in der Kirche nicht ganz so wichtig ist, dann reichen zwei oder drei bekannte Kirchenlieder, die die Gäste mitsingen können. Fragen Sie beim Organisten Ihrer Kirche nach, meist kennt er Musiker aus der Gemeinde, die für ein kleines Honorar auftreten. Ansonsten können Sie bei der örtlichen Musikhochschule anfragen, ob dort günstige und gute Solisten oder kleine Orchester zur Verfügung stehen. Eine Übersicht über Gospelchöre finden Sie unter 🪐 www.gospelszene.de.

Wenn Sie sich einen Chor wünschen, fragen Sie den Pfarrer, wann ein Gottesdienst mit Chor stattfindet, und besprechen Sie bei Gefallen vor Ort mit der Chorleitung die Details.

MEIN TIPP: Es muss in der Kirche nicht unbedingt ein Chor sein, einzelne Sänger oder Musik vom Band tun es auch. Den Chor bilden Ihre Gäste.

PERSÖNLICHE NOTE

Unterschätzen Sie nicht die Bedeutung der Musik im Hintergrund, sie kann sogar kommunikationsfördernd sein. Für den Sektempfang empfiehlt sich beispielsweise eher ruhigere Musik, damit sich die Gäste bekannt machen und unterhalten können. Stellen Sie für den Sektempfang eine CD oder eine iPod-Playlist mit Ihren ruhigen Lieblingsliedern zusammen.

Die schönsten Klassiker für die Kirche

Die Musik während der kirchlichen Zeremonie sollte mit dem zuständigen Pfarrer abgesprochen werden: Sie können zwischen klassischer Kirchenmusik, Gospel oder modernen Liedern wählen.

Für den Einzug des Brautpaares:
- Hochzeitsmarsch (F. Mendelssohn-Bartholdy)
- Brautchor (R. Wagner)
- Trumpet Voluntary (J. Clarke)
- Right here waiting (R. Marx)
- Kanon in D-Dur (J. Pachelbel)
- Forrest Gump, Piano Theme (A. Silvestri)

Nach dem Ringtausch:
- Oh Happy Day (Gospel)
- Ave Maria (J. S. Bach)
- Amazing Grace (Gospel)
- Ave Verum (W. A. Mozart)
- Reverie (C. Debussy)
- Somewhere over the Rainbow (Arlen/Harburg)
- Por ti sere (Løvland/Graham)
- I say a little Prayer (Bacharach/David)

Für den Auszug des Brautpaares:
- I will follow him (Gospel)
- Toccata und Fuge in d-Moll (J. S. Bach)
- Rondeau (J.-J. Mouret)
- Toccata (C. Widor)
- Halleluja (G. F. Händel)
- All You Need Is Love (Beatles)

FOTO, VIDEO & MUSIK

69 Bei Livebands ist weniger mehr
SPARPOTENZIAL ●●●

Die Livemusik einer Band schafft leicht eine lockere Stimmung. Wichtig ist, dass die Musiker vom klassischen Standardtanz bis zum aktuellen Popsong alles spielen können. Die Band sollten Sie passend zur Größe der Hochzeitsgesellschaft, zum Stil der Hochzeit und zu den Räumlichkeiten auswählen. Hobbymusiker, Semi-Profis und Berufsmusiker bieten ihre Dienstleistung für Hochzeiten an – je nach Qualifikation gibt es natürlich auch preisliche Unterschiede.

Die Preise für Livebands sind abhängig von der Anzahl der Musiker, vom Anfahrtsweg, der benötigten Technik und nicht zuletzt von der gewünschten Spielzeit. Als Richtwert für eine professionelle Hochzeitsband müssen Sie etwa 50 Euro pro Musiker und Stunde kalkulieren. Die beste Art zu sparen ist, die Anzahl der Musiker und die Spielzeit zu begrenzen.

Führen Sie mit den Musikern rechtzeitig ein intensives Vorgespräch. Klären Sie auch Ihre musikalischen Wünsche, sowohl im Positiven (was Sie gern hören möchten) als auch im Negativen (was lieber nicht gespielt werden sollte).

STOLPERSTEIN
Bevor Sie eine Band oder einen DJ verpflichten, sollten Sie Folgendes tun:
- Hören Sie sich eine Demo-CD an, oder besuchen Sie einen Live-Auftritt.
- Klären Sie im Vorfeld alle Kosten (Fixum, Zeitüberschreitungen, GEMA-Gebühren, Anfahrts- und Übernachtungskosten).
- Fixieren Sie alle Details (Termin, Spieldauer, Gage) in einem schriftlichen Engagementvertrag.

Band und DJ: Das ist wichtig beim Engagementvertrag

Ein schriftlicher Vertrag ist bei der Buchung einer Band oder eines DJs wichtig: Lesen Sie den Vertrag vor Unterzeichnung gründlich durch. Unklare Punkte müssen unbedingt geklärt werden. Denken Sie auch an Rücktrittsklauseln wie eine Absicherung im Krankheitsfall.

- **Wann findet die Hochzeit statt:** Datum
- **Auftrittszeit:** Angabe von Stunden
- **Wie lange spielt die Band:** Uhrzeit (von/bis)
- **Wo findet der Auftritt statt:** Adresse
- **Aufbau:** Uhrzeit
- **Honorar:** Pauschale
- **Honorar bei verlängerter Spielzeit:** pro Stunde
- **Fälligkeit des Honorars:** Wann wird das Honorar fällig? Wie erfolgt die Zahlung? Enthält die Gage bereits die Mehrwertsteuer in Höhe von 7 Prozent?
- **Extras:** Fallen extra Fahrtkosten an? Kostenfreie Getränke und warme Mahlzeiten. Bereitstellung eines Umkleideraumes.
- **Bühne:** Festlegung der Größe, sauber & trocken, Steckdosen vorhanden?
- **GEMA-Gebühren:** Für eine Veranstaltung, die nicht-öffentlich stattfindet, fallen keine GEMA-Gebühren an. Fragen Sie zur Sicherheit nach.
- **Musikpausen bei Spielen, Showeinlagen:** Werden diese kostenfrei an die Spieldauer angehängt?
- **Sonstige Vereinbarungen**

70 Allroundtalent als DJ buchen
SPARPOTENZIAL ⚪⚪⚪

Ein DJ ist im Vergleich zu Livebands wesentlich günstiger und bietet dazu ein breiteres Repertoire an Musiktiteln. Er passt seine Musik an die Stimmung der Gäste an und schafft einen fließenden Übergang von leiser Backgroundmusik zu rasanter Party-Beschallung.

Auf Anfrage erhalten Sie bei Ihrer Hochzeitslocation eine Liste mit DJs, die regelmäßig mit dem Veranstalter zusammenarbeiten. Die „DJs des Hauses" kennen sich mit der Beschallung vor Ort aus und jobben meist nur nebenbei – sind also deutlich günstiger als Profis. Der Pauschalpreis für einen Hochzeits-DJ liegt je nach Region und Spielzeit zwischen 350 und 500 Euro pro Abend. Normalerweise ist der Materialverleih enthalten: Der DJ bringt die gesamte Ausstattung mit (Lautsprecher, Lichtanlage) und hat auf seinem Laptop tausende Songs. Die umfangreiche ❶ Checkliste Musik finden Sie ab Seite 108.

MEIN TIPP: Wichtig ist, dass der DJ eine angenehme Stimme hat und moderieren kann. Schließlich sollte er ausgewählte Musikstücke oder Einlagen der Gäste ankündigen.

Für kleinere Feiern reicht eine Stereoanlage oder ein iPod. Sprechen Sie mit Familie und Freunden darüber, welche Art von Musik sie sich wünschen, und bereiten Sie die entsprechenden CDs / Playlists vor. Wichtig sind tanzbare Lieder, auch langsame Walzer oder Kuschellieder kommen gut an. Falls Sie es keinem Gast zumuten wollen, sich um die Musik zu kümmern, und Sie niemanden kennen, der das für Sie tun würde, sprechen Sie mit einem Studentenjobservice und lassen sich eine Aushilfe vermitteln.

Die besten Titel für Hochzeitswalzer und Abschlusstanz

Unter **www.tanzmusik-online.de** finden Sie für jede gewünschte Stilrichtung das richtige Lied.

Vorschläge für den Eröffnungstanz:
- Kaiserwalzer (Johann Strauss)
- Wiener Blut (Johann Strauss)
- An der schönen blauen Donau (Johann Strauss)
- Que sera sera (Doris Day)
- Schneewalzer (Thomas Koschat)
- I wonder why (Curtis Stigers)
- You light up my life (Westlife)
- You (Ten Sharp)
- Everything I do, I do it for you (Bryan Adams)
- Unchained melody (Righteous Brothers)
- Ganz in Weiß (Roy Black)

Vorschläge für den Abschlusstanz:
- Nights in white satin (Moody Blues)
- I drove all night (Celine Dion & Chris Isaak)
- I would do anything for love (Meat Loaf)
- So soll es bleiben (Ich & Ich)
- Can you feel the love tonight (Elton John)
- Angels (Robbie Williams)
- Das Beste (Silbermond)
- Weus'd a Herz hast wi a Bergwerk (R. Fendrich)
- Are you lonesome tonight? (Elvis Presley)
- Mein Stern (Unheilig)
- Whispering wind (Moby)
- My way (Frank Sinatra)
- First day of my life (Melanie C)

CHECKLISTE
FOTO

	Fotograf 1	Fotograf 2	Fotograf 3
Name			
Adresse			
Telefonnummer			
E-Mail			
Internet			

	Angebot 1	Angebot 2	Angebot 3
Paket 1			
Paket 2			
Paket 3			
Sonstiges			
Gesamtkosten			

FRAGEN AN DEN FOTOGRAFEN

1. Allgemeines

Frage	Antwort
Fotografieren Sie persönlich unsere Hochzeit?	
Welche Erfahrungen haben Sie mit Hochzeitsfotografie?	
Sind Sie ausgebildeter Fotograf?	
Wie lange arbeiten Sie schon als Fotograf?	
Wie viele Hochzeiten haben Sie schon fotografiert?	
Haben Sie bereits Hochzeiten in unserem Stil fotografiert?	
Warum sollten wir Sie engagieren?	
Worin unterscheiden sich Ihre Bilder von den Bildern anderer Fotografen?	
Können wir Beispiele Ihrer Arbeit sehen?	
Können Sie auch Schwarz-Weiß-Aufnahmen machen?	
Können Sie eine Hochzeitsreportage erstellen? Wie sieht diese aus?	
Nach welchen Kriterien wählen Sie die Fotomotive einer Hochzeit aus?	
Was fasziniert Sie an Hochzeitsfotografie?	

2. Unsere Hochzeit

Frage	Antwort
Um welche Uhrzeit sind Sie für den Aufbau vor Ort?	

Wie lange werden Sie fotografieren?

Bringen Sie auch Notfall-Equipment mit?

Werden Sie allein arbeiten?

Wie lange dauert es nach der Hochzeit, bis wir die Bilddaten bekommen?

3. Kosten

Bekommen wir einen schriftlichen Vertrag?

Wie gehen Sie mit den Bildrechten um?

Bekommen wir die digitalen Bilddaten?

Müssen wir eine Anzahlung leisten? Wenn ja, wann und wie viel?

Können wir in Raten bezahlen? Wenn ja, wann ist die letzte Rate fällig?

Wie viel berechnen Sie für Überstunden?

Fallen Kosten für die Anreise an?

Wie sind die Stornobedingungen?

BILDMOTIVE

Vor der Trauung
Braut in ihrem Hochzeitskleid
Braut beim Schminken
Anstecken des Schleiers
Die Braut mit ihrer Mutter
Die Braut mit ihrer Trauzeugin
Braut mit beiden Eltern
Braut beim Anziehen des Strumpfbandes
Blumen werden verteilt
Der Brautstrauß
Braut verlässt das Haus
Brautvater hilft der Braut beim Einsteigen in das Hochzeitsauto
Bräutigam beim Anlegen der Manschettenknöpfe
Bräutigam mit seinen Eltern
Bräutigam bei der Abfahrt zur Kirche
Der Bräutigam schaut auf die Uhr, begrüßt Gäste
Der Bräutigam mit seinem Trauzeugen

In der Kirche
Die Gäste kommen an
Braut und Brautvater beim Aussteigen aus dem Hochzeitsauto
Eltern des Bräutigams nehmen in der Kirche Platz
Der Bräutigam und sein Trauzeuge warten am Altar
Einzug
Braut und Brautvater kommen durch den Mittelgang
Altar und Kirchendekoration
Ehegelöbnis
Ringtausch, der erste offizielle Kuss
Freudentränen und Lachen der Gäste
Braut und Bräutigam verlassen die Kirche über den Mittelgang
Auszug
Braut und Bräutigam vor der Kirche inmitten ihrer Gäste
Reisregen/Taubenflug
Braut und Bräutigam steigen ins Auto und winken

Beim Sektempfang
Das Brautpaar begrüßt die Gäste
Die Braut mit ihrer Trauzeugin
Der Bräutigam mit seinem Trauzeugen
Brautpaar mit Trauzeugen
Brautpaar mit Blumenkindern
Brautpaar mit Eltern
Familien des Brautpaares

Auf der Feier
Das Brautpaar betritt den Festsaal
Das Brautpaar bei der Ansprache
Die Hochzeitstorte
Das Brautpaar schneidet die Hochzeitstorte an
Das Brautpaar füttert sich gegenseitig mit der Hochzeitstorte
Das Brautpaar beim Brautwalzer
Braut tanzt mit ihrem Vater
Bräutigam tanzt mit seiner Mutter
Braut tanzt mit ihrem Schwiegervater
Bräutigam tanzt mit seiner Schwiegermutter
Brauteltern tanzen
Gäste tanzen
Brautpaar bei den Reden
Das Buffet
Die Tischdekoration
Die Band/der Discjockey
Braut wirft den Brautstrauß
Das Strumpfband wird geworfen
Showeinlagen der Gäste
Der letzte Tanz des Brautpaares
Das Brautpaar verabschiedet sich
Brautpaar steigt in das Hochzeitsauto
Gäste winken zum Abschied

CHECKLISTE
VIDEO

	Videofilmer 1	Videofilmer 2	Videofilmer 3
Name			
Adresse			
Telefonnummer			
E-Mail			
Internet			

	Angebot 1	Angebot 2	Angebot 3
Paket 1			
Paket 2			
Paket 3			
Sonstiges			
Sonstiges			
Gesamtkosten			

FRAGEN AN DEN VIDEOFILMER

1. Allgemeines

Filmen Sie persönlich unsere Hochzeit?	
Welche Erfahrungen haben Sie mit Hochzeitsvideos?	
Sind Sie ausgebildeter Videofilmer?	
Wie lange arbeiten Sie schon als Videofilmer?	
Wie viele Hochzeiten haben Sie schon gefilmt?	
Haben Sie bereits Hochzeiten in unserem Stil gefilmt?	
Warum sollten wir Sie engagieren?	
Worin unterscheiden sich Ihre Videos von der Arbeit anderer Videofilmer?	
Können wir Beispiele Ihrer Arbeit sehen?	

Nach welchen Kriterien wählen Sie die Videomotive einer Hochzeit aus?

Was fasziniert Sie am Filmen von Hochzeitsvideos?

2. Unsere Hochzeit

Um welche Uhrzeit sind Sie für den Aufbau vor Ort?

Wie lange werden Sie filmen?

Bringen Sie auch Notfall-Equipment mit?

Werden Sie allein arbeiten?

Wie lange dauert es nach der Hochzeit, bis wir den Videofilm bekommen?

3. Kosten

Bekommen wir einen schriftlichen Vertrag?

Wie gehen Sie mit Rechten (GEMA-Gebühren, Nutzungs- und Lizenzrechte etc.) um?

Müssen wir eine Anzahlung leisten? Wenn ja, wann und wie viel?

Können wir in Raten bezahlen? Wenn ja, wann ist die letzte Rate fällig?

Wieviel berechnen Sie für Überstunden?

Fallen Kosten für die Anreise an?

Wie sind die Stornobedingungen?

VIDEOMOTIVE

In der Kirche
Kirche (Außenaufnahmen und Innenaufnahmen)
Einzug der Braut
Gottesdienst
Jawort und Ringtausch
Auszug aus der Kirche
Gruppenaufnahmen vor der Kirche

Auf der Feier
Empfang der Gäste
Location (außen und innen)
Ankunft der Hochzeitsgesellschaft
Gästegalerie
Anschneiden der Hochzeitstorte
Ansprachen
Tanz der Brautleute
Unterhaltungseinlagen
Brautstrauß-Werfen
Verabschiedung

CHECKLISTE
MUSIK

	Musik 1	Musik 2	Musik 3
Name			
Adresse			
Telefonnummer			
E-Mail			
Internet			

	Angebot 1	Angebot 2	Angebot 3
Paket 1			
Paket 2			
Paket 3			
Anfahrt/Aufbau			
Stundenpreis bei Overtime			
Gesamtkosten			

WELCHE MUSIKRICHTUNG SOLL WANN GESPIELT WERDEN?

Spielbeginn/Spielende	Standesamtliche Trauung	Kirchliche Trauung	Sektempfang	Essen	Tanz
Orgelmusik					
Sologesang					
Gospel					
Leichte klassische Musik					
Leichte Klaviermusik					
Jazz					
Easy Listening					
Pop und Rock (Slow)					

	Standesamtliche Trauung	Kirchliche Trauung	Sektempfang	Essen	Tanz
Swing					
Barjazz					
Café del Mar					
Latino					
Sonstiges					

MUSIKRICHTUNG

	Gar nicht	Ein bisschen	Unbedingt
Hits der 90er			
Hits der 80er			
Hits der 70er & 80er			
Evergreens der 50er & 60er			
Soul & Funk			
Rock-Classics			
Rock'n'Roll & Twist			
Stimmungsmusik & Partytänze			
Deutscher Rock & NDW			
Deutsche Schlager			
Tanzorchester & Big Band			
Standardtänze			
Latino-Pop			
Reggae			
Black Music & R'n'B			
House			

MUSIKWÜNSCHE	
Standesamtliche Trauung	
Kirchliche Trauung	
Sektempfang	
Essen	
Tanz	

Das wollen wir auf keinen Fall hören

MODERATION	Ja	Nein
Für Brautstraußwurf		
Für Schleiertanz		
Für Versteigerungen		
Für Hochzeitstorte		
Für Spiele		
Sonstiges		

FRAGEN AN DIE BAND/DEN DJ

1. Allgemeines

Arbeiten Sie hauptberuflich als Musiker/DJ?

Wie lange arbeiten Sie schon als Musiker/DJ?

Welche Erfahrungen haben Sie mit Hochzeiten?

Für wie viele Hochzeiten haben Sie bereits gearbeitet?

Haben Sie bereits für Hochzeiten in unserer Größenordnung gearbeitet?

Warum sollten wir Sie engagieren?

Wie viele Musikstücke haben Sie in Ihrem Repertoire?

2. Unsere Hochzeit

Wie lange spielt die Band/der DJ?

Wann beginnt der Aufbau für die Technik?

Wie viel Platz braucht die Band/der DJ?

Welche Technik, Strom etc. braucht die Band/der DJ?

Bringen Sie auch Notfall-Equipment mit?

Bringen Sie Lichttechnik mit?

3. Kosten

Bekommen wir einen schriftlichen Vertrag?

Kann man die Band auch in kleinerer Besetzung buchen?

Müssen wir eine Anzahlung leisten? Wenn ja, wann und wie viel?

Können wir in Raten bezahlen? Wenn ja, wann ist die letzte Rate fällig?

Wie viel berechnen Sie für Überstunden?

Fallen Kosten für die Anreise an?

Wie sind die Stornobedingungen?

Ist das Trinkgeld im Preis inbegriffen?

AKTIONEN

- Zum Mitmachen animieren
- Hochzeitswalzer
- Spiele & Einlagen
- Gästebuch selber machen
- Hochzeitsbräuche
- Diashow

Hochzeitsgäste wollen unterhalten werden. Dafür können Sie Zauberer, Jongleure oder Schnellzeichner engagieren – oder die Gäste selbst zum Mitmachen motivieren. Eine ergreifende Rede. Eine emotionale Diashow. Sketche und Showeinlagen von Freunden und Familie. Vielleicht nicht so professionell, aber garantiert emotional. Und gratis.

- Feuerwerk
- Hochzeitsrede & Alternativen
- Teure Tauben, günstige Tauben
- Programm für kleine Gäste

Fotos: © Sean Nel, © Horatiu Bota, © Niderlander, © Kateryna Khyzhnyak | Dreamstime.com, Fotolia.com

AKTIONEN

71 Hochzeitswalzer vom Profi lernen
SPARPOTENZIAL

Auf den Hochzeitswalzer freut sich nicht jedes Brautpaar, trotzdem ist er traditionell wichtiger Bestandteil der Feier. Braut und Bräutigam betreten als Erste die Tanzfläche und stehen drei Minuten im Rampenlicht, während die Hochzeitsgäste einen Kreis um das tanzende Paar bilden und zusehen. Die drei Minuten können sehr lang werden, vor allem für ungeübte Tänzer. Deswegen empfiehlt sich, die Walzerschritte vorher gut zu trainieren.

Ein gemeinsamer Hochzeitstanzkurs ist die beste Lösung. Möglich sind etwa Crashkurse für Hochzeitspaare – für rund 60 Euro pro Person gibt es vier Kurseinheiten. Privatstunden sind teurer, aber empfehlenswert für alle, die zeitlich nicht so flexibel sind. Günstiger wird es, wenn Sie sich die Privatstunden mit befreundeten Paaren teilen, die auch heiraten oder einfach nur Walzer tanzen lernen wollen. Die Preise für das private Tanzvergnügen liegen bei etwa 55 Euro pro Paar und Stunde, 40 Euro, wenn zwei Paare teilnehmen, 30 Euro bei drei Paaren. Mehr Infos unter www.circulo.de.

Walzer lässt sich noch günstiger vor dem Fernseher lernen. Besorgen Sie sich hierfür eine DVD, etwa den Anfängerkurs „Get the Dance" für ca. 20 Euro unter www.amazon.de oder die Trainings-DVD „Langsamer Walzer – Wiener Walzer" für rund 23 Euro unter www.prodance24.de.

INTERNET TIPP

Inspiration für außergewöhnliche Hochzeitstänze, etwa Mambo, Jitterbug oder Thriller finden finden Sie bei **www.youtube.de**.

SO VIEL KOSTEN AKTIONEN

- HOCHZEITSTANZKURS ca. 60 € pro Person
- HOCHZEITSTAUBEN ca. 200 € für 25 bis 30 weiße Tauben
- FEUERWERK ca. 100 € pro Minute
- GÄSTEBUCH ca. 20 €
- KINDERBETREUUNG ca. 35 € pro Stunde

Fotos: iStockphoto, © Sean Nel | Dreamstime.com

MEIN TIPP: Verkürzen Sie die drei Walzerminuten doch einfach! Lassen Sie den DJ die Musik dezent nach der Hälfte des Liedes ausblenden, oder wählen Sie das Schneeballverfahren. Dabei tanzen Braut und Bräutigam die ersten Takte allein, dann fordert sie ihren Vater und er seine Mutter auf. Nach weiteren Takten werden die anderen Gäste dazugebeten. So bilden sich immer neue Tanzpaare, und Ihre Gäste sind von Anfang an ins Geschehen miteinbezogen.

72 Mit Hochzeitsspielen Geld verdienen
SPARPOTENZIAL ●●●

Für Versteigerungen benötigen Sie einen wortgewandten Auktionator, einen Geldeintreiber und eine Kasse. Vor der Auktion wird ausdrücklich darauf hingewiesen, dass der Erlös an das Brautpaar geht. Der Kassierer sollte in seiner Kasse Kleingeld zum Wechseln bereithalten.

Eine elegante – und wenig genutzte – Möglichkeit, die Haushaltskasse aufzustocken, sind Hochzeitsspiele, die Ihnen eine kleine Finanzspritze von den Gästen bescheren. Beliebt sind Versteigerungen von Brautschuh oder Strumpfband. Bei der Brautschuh-Versteigerung wird der Schuh „geraubt" und symbolisch unter den Gästen versteigert. Bei der Strumpfband-Versteigerung muss die Braut erst das zu ersteigernde Objekt zeigen – am Bein natürlich! Der Käufer darf es selbst holen.

Bei der traditionellen Versteigerung bietet jeder Gast so viel Geld, wie er bereit wäre, für Brautschuh oder Strumpfband zu zahlen. Die ersteigerte Summe geht direkt an das Brautpaar.

Bei der amerikanischen Auktion bietet jeder Gast mit und kann den Betrag beliebig aufstocken. Der neue Betrag gilt als Ausgangslage für den neuen Bieter, der lediglich die Differenz bezahlen muss. Der Erlös setzt sich so aus vielen Geboten zusammen, und zum Schluss ist der zuletzt gebotene Betrag abzüglich des Startbetrags in der Kasse.

Auch beim Schleiertanz kommt Geld in die Kasse des Paares, das der Finanzierung der Flitterwochen dienen soll. Dabei tanzt das Brautpaar unter dem Brautschleier, der von den Trauzeugen gehalten wird. Jeder Gast darf gegen einen kleinen Obolus mit der Braut tanzen – einer nach dem anderen.

Oder veranstalten Sie eine Hochzeitstombola. Der Witz der Tombola liegt in den Gewinnen, die zwar alle

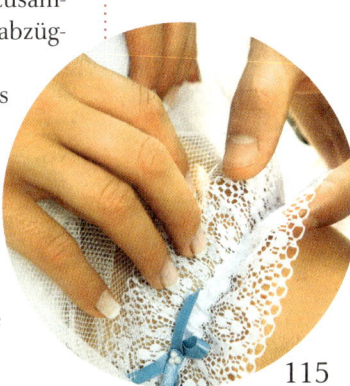

AKTIONEN

STOLPERSTEIN

Eine hübsche Aktion ist das Steigenlassen von Luftballons mit angehängten Glückwunschkarten. In manchen Gemeinden braucht man für größere Luftballonflüge eine Genehmigung von der Stadtverwaltung oder der Flugüberwachung. Ein kurzer Anruf vorher bei den Behörden ist sinnvoll. Ballons, Ballongas und Schnüre gibt es bei www.ballon24.de. Achtung: Die Aktion ist vom Wetter abhängig – bei Regen wird es problematisch. Wenn Luftballons nass werden, schaffen sie es unterm Gewicht der Regentropfen nicht mehr aufzusteigen!

klangvolle Namen haben, sich aber dann als etwas ganz anderes herausstellen. Die hohen Gewinne werden von DJ oder Band angekündigt, die Gäste kaufen Lose. Wichtig ist, dass der Moderator wegen der launigen Übergabe ein guter Entertainer sein sollte. Denn es gibt Superpreise zu gewinnen, die das Brautpaar extra für die Gäste spendiert hat! Hier einige Beispiele für Gewinne und die passende Umschreibung: Kuss von der Braut (Paket Schokoküsse), gefüllte Obstschale (Banane), italienisches Essen für zwei (Packung Mirácoli), Weinabend für zwei (zwei Zwiebeln). Weitere Ideen für lustige Gewinne finden Sie unter 🪐 www.deingedicht.de.

73 Gäste zum Mitmachen animieren
SPARPOTENZIAL ●●●

Auch wenn Sie keine Spiele mögen, sollten die Gäste in den Ablauf einbezogen werden – erst mit deren Beteiligung wird eine Hochzeitsfeier so richtig einzigartig und unvergesslich. Zudem wird so der Tag abwechslungsreicher und kurzweilig für alle Beteiligten. Und günstiger für Sie selbst! Um ein abwechslungsreiches Programm zu bieten, müssten Sie ohne aktive Beteiligung der Gäste Zauberer, Comedians oder Karikaturisten buchen – das kann aber ins Geld gehen. Denken Sie deshalb über ein alternatives Programm nach, und wünschen Sie sich Spiele, Sketche oder Einlagen von den Gästen. Anregungen für unterhaltsame Aktionen und Showeinlagen finden Sie im Kasten auf der rechten Seite.

74 Unterhaltsame Hochzeitsbräuche
SPARPOTENZIAL ●

Um die Hochzeit abwechslungsreich zu gestalten, können Sie anstelle von Spielen auch Hochzeitsbräuche in den Ablauf einplanen. Einige Beispiele: Wegsperren symbolisieren den Anfang einer Lebensgemeinschaft. Die frisch Vermählten müssen dafür einen Baumstamm mit vereinten Kräften durchsägen, ein Seil durchschneiden oder ein Herz, das auf ein großes Bettlaken gemalt wurde, mit Nagelscheren ausschneiden. Letzteres hat großen Unterhaltungswert, denn hier gilt: Wer zuerst fertig ist, hat in der Ehe das Sagen. Nach dem Ausschneiden trägt der Bräutigam seine Braut durch das Herz im Bettlaken.

Der Klassiker schlechthin ist der Wurf des Brautstraußes. Dabei steht die Braut mit dem Rücken zum Publikum und wirft den Brautstrauß in die Menge der versammelten weiblichen Gäste. Die Frau, die ihn fängt, wird, so heißt es, als nächste heiraten.

Das Pendant für die männlichen Gäste ist das Werfen des Strumpfbandes. Dabei schiebt der Bräutigam den Rocksaum des Brautkleides höher und höher und nimmt seiner Braut das Strumpfband ab. Er wirft es den Junggesellen zu – der Fänger wird als Nächster vor dem Traualtar stehen. Weitere Bräuche finden Sie im Internet unter 🌐 www.hochzeit-total.de.

MEIN TIPP: Anstatt den kompletten Brautstrauß zu werfen, wählen Sie nur eine Blume dafür aus (vielleicht üben Sie das Werfen vorher). Den Strauß können Sie so mit nach Hause nehmen und zur Erinnerung an die Hochzeit aufbewahren. Alternative: ein Mini-Wurfstrauß, der extra angefertigt wird.

Einen Vorschlag für einen Tagesablauf am Hochzeitstag finden Sie auf der ℹ️ **Checkliste Ablauf Hochzeitstag** auf Seite 134.

So binden Sie Ihre Gäste in die Hochzeitsfeier ein

- **Sightseeing:** Während Sie am Nachmittag zum Fotoshooting gehen, bitten Sie Ihre Eltern oder Trauzeugen, mit den Gästen eine Stadtführung oder Ortsbesichtigung zu unternehmen.
- **Hochzeitsstammbaum:** Eine tolle Idee, wenn sich die Gäste untereinander noch nicht kennen. So geht's: Gäste vor Ort fotografieren und Bilder ausdrucken. Fotos auf weiße Papierbahnen kleben: oben in der Mitte das Brautpaar, darunter Eltern und Großeltern, Geschwister, Onkel und Tanten. Die Verbindungen mit Pfeilen nachzeichnen. Jeder Gast schreibt unter sein Bild Namen, Geburtsjahr und Verwandtschaftsgrad. Die Bilder von Freunden, Arbeitskollegen, Nachbarn etc. werden in einem extra Feld gesammelt.
- **Porträts:** Verteilen Sie Pappkarton und Stifte, und fordern Sie die Gäste auf, ihr Gegenüber zu malen. Bilder einsammeln und rahmen.
- **Das flammende Herz:** Aus dicker Pappe ein großes Herz ausschneiden und rot bemalen. Jeder Gast bekommt ein angezündetes Teelicht und einen Liedtext. Das Herz liegt vor dem Brautpaar, die Gäste bilden mit den Kerzen einen Kreis. Ist das Licht gedimmt, singen alle. Einer nach dem anderen geht nach vorn und stellt sein Licht auf das Herz, sodass das Brautpaar am Schluss auf ein leuchtendes Herz blickt.

AKTIONEN

75 Gästebuch selber machen
SPARPOTENZIAL ◐◐

In einem Gästebuch, das während der Feier im Festsaal ausliegt, können sich die Gäste mit ihren guten Wünschen verewigen – eine wichtige Erinnerung für jedes Brautpaar. Gästebücher speziell für Hochzeiten gibt es, je nach Umfang und Ausstattung, ab ca. 20 Euro, etwa unter www.eventipp.de.
Es muss aber kein teures Gästebuch sein. Besser: Kaufen Sie ein einfaches Blankobuch, etwa ein Notizbuch in Silberoptik für 6 Euro, etwa bei www.schoenherr.de. Den Umschlag verzieren Sie mit einem Foto von sich und Ihrem Bräutigam, ein Lesezeichen gestalten Sie mit Satinbändern in Ihren Hochzeitsfarben. Die individuellste Variante: Verwenden Sie den Stoff, der bei der Änderung Ihres Brautkleides übrig geblieben ist, um damit ein schlichtes Buch zu beziehen. Die Bastelanleitung finden Sie unter www.hochzeit-blog.de.
Oder suchen Sie nach anderen Möglichkeiten, wie Ihre Gäste sich verewigen können, etwa auf einem großen Spiegel, den Sie auf dem Flohmarkt günstig kaufen können. Die moderne und zugleich günstigste Variante: ein Videogästebuch. Bitten Sie einen Freund, während der Feier zu filmen. Jeder Gast darf eine persönliche Botschaft auf dem Video hinterlassen.

INTERNET TIPP

Mit der Gratissoftware Picasa von Google können Sie die Fotos mit der Diashow-Funktion während der Hochzeitsfeier vorführen. Die Diashow kann – so wie bei einem DVD-Player – mit der „Play"-Taste gestartet oder angehalten werden oder zum nächsten Foto springen. Auch die Untermalung mit Hintergrundmusik ist möglich. Dazu einfach ein MP3-Verzeichnis anlegen – fertig ist die Multimedia-Diashow. Download unter **www.picasa.google.com**.

76 Diashow mit Live-Atmosphäre
SPARPOTENZIAL ◐◐

Beauftragen Sie einige Freunde, auf dem Standesamt und in der Kirche möglichst viele Digitalbilder von den schönsten Momenten und auch von den Gästen zu machen, gern auch gestellte Motive. Die besten Fotos werden sofort am Laptop zu einer Diashow zusammengefügt und bei der Abendveranstaltung mit einem Beamer als Endlosschleife gezeigt. Das macht Eindruck, lockert die Atmosphäre, und die Gäste haben ihren Spaß. Viele Restaurants und Hotels verleihen gratis Beamer und Leinwand. Die Diashow wird während des Abends immer wieder mit neuen Fotos aktualisiert – mit spezieller Software können Sie dies ohne großen Aufwand mit einigen Mausklicks erledigen. Die Diashow können Sie nach der Hochzeit auf CD brennen oder auf einen USB-Stick spielen und Ihren Gästen als Andenken überreichen.

Eine schöne Ergänzung: Wünschen Sie sich im Vorfeld von Ihren Gästen eine Video- oder Diashow mit alten und neuen Aufnahmen aus Ihrem gemeinsamen Leben. Die Diashow kann auch während des Sektempfangs im Hintergrund laufen. So bekommt dieser eine persönliche Note, und Sie sparen zusätzlichen Dekorationsaufwand.

77 Feuerwerk muss nicht teuer sein
SPARPOTENZIAL ●●●

Ein Feuerwerk ist für viele Paare ein wichtiger Teil ihrer Hochzeit. Ein richtiges Feuerwerk darf allerdings nur ein Profi veranstalten. Als Faustformel für ein Hochzeitsfeuerwerk müssen Sie etwa mit 100 Euro pro Minute rechnen. Die Preise beginnen, je nach Dauer und gewünschten Effekten, ab 600 Euro, mehr Infos unter www.sprengkraft.de.

Es gibt aber auch kleine Funken-Ideen für Privatpersonen, die Sie im Internet bestellen können. Bei www.pyroweb.de hilft ein Assistent bei der Wahl des richtigen Feuerwerks. Kleinfeuerwerk Piccolo für ca. 100 Euro ist beispielsweise ein kleiner Feuertraum mit knapp 600 Effekten. Dauer: ca. 5 Minuten. Auch die feuerfreie Variante, einen Konfettishooter, bekommen Sie hier für knapp 8 Euro. Er schießt eine Konfettisäule roter Herzen 12 Meter in die Luft.

78 Hochzeitsrede und Alternativen
SPARPOTENZIAL ●

Eine Hochzeitsrede sollte persönlich, kurz, pointiert und humorvoll sein. Heutzutage starten oft Braut oder Bräutigam – am besten beide gemeinsam – mit ihrer Rede: begrüßen die Gäste, erzählen nette Anekdoten und bedanken sich für die Geschenke. Allerdings ist das Reden vor großem Publikum nicht

DO IT YOURSELF

Privatpersonen dürfen nur Silvester spektakuläre Feuerwerkskörper abbrennen. Für besondere Anlässe wie Hochzeiten ist es aber möglich, eine Ausnahmegenehmigung zu beantragen. Wenn Sie eine professionelle Feuerwerksfirma beauftragen, übernimmt diese die Anmeldung. Wenn Sie das Feuerwerk selbst veranstalten wollen, müssen Sie den Antrag mehrere Wochen vor dem Termin beim Ordnungsamt einreichen. Sollte es knapp werden, sind die meisten Ämter kooperativ. Ein Anruf oder persönliches Erscheinen hilft. Den Vordruck für einen Antrag können Sie sich unter www.pyroweb.de im Internet downloaden.

AKTIONEN

jedermanns Sache. Bereiten Sie sich deshalb auf diesen Moment sehr gründlich vor. Detaillierte Tipps für eine gute Rede finden Sie in dem Buch „Der große Guide für Hochzeitsgäste" 🪐 www.perfectday-online.de.

Für alle, denen beim Gedanken an eine Rede flau im Magen wird, die aber auch kein kostspieliges Rhetorikseminar besuchen wollen, gibt es gute und günstige Alternativen: etwa eine Diashow mit Fotos Ihrer gemeinsamen Zeit. Sie können auch aus den wichtigen Stationen Ihrer Lebenswege ein Märchen machen, das Sie in Powerpoint zusammenstellen und vorführen. Oder aber Sie bitten einige Gäste, Anekdoten zu erzählen, die sich um das Brautpaar drehen (unbedingt vorher absprechen, damit Sie Ihre Gäste nicht stressen).

79 Teure Tauben, günstige Tauben
SPARPOTENZIAL 💍💍

So romantisch – und nie aus der Mode: Tauben, die in den Himmel fliegen, am besten begleitet von einem Gedicht, das kurz vor dem Öffnen der Käfige vorgelesen wird. Der Brauch symbolisiert für das Brautpaar Liebe, Frieden und Glück.
Ist der Heimatschlag nicht zu weit entfernt von Ihrer Location, können Tauben in jeder Jahreszeit starten. Ausnahmen: starker Nebel, wolkenbruchartige Regenfälle, Gewitter, Schneefall oder Dämmerung. Je nach zurückgelegter Entfernung zahlen Sie zwischen 150 und 240 Euro für 25 bis 30 weiße Tauben. Hochzeitstauben in ganz Deutschland finden sich sortiert nach Postleitzahlen bei 🪐 www.hochzeits-taube.de.
MEIN TIPP: Müssen es unbedingt weiße Tauben sein? In fast jedem Ort gibt es Brieftaubenzüchtervereine. Die Mitglieder werden gegen einen kleinen Obolus sicher aushelfen können.

80 Programm für die kleinen Gäste
SPARPOTENZIAL 💍💍

An einer Hochzeit nehmen meist Kinder teil. Nur wird es für die kleinen Gäste schnell langweilig, während sich die Großen

---

PERSÖNLICHE NOTE

Wer sich sicherer fühlt, wenn er seine Rede abliest, sollte Folgendes berücksichtigen:
• **Knackige Sätze:** Das Manuskript sollte kurze Hauptsätze enthalten. Schreiben Sie so, wie Sie die Geschichte wirklich erzählen würden.
• **Regie-Anweisungen:** Schreiben Sie Anweisungen ins Manuskript (Pause, Blick schweifen lassen, Wort betonen). Markieren Sie diese, etwa mit einem Magic Marker.
• **Langsam lesen:** Wenn Ihnen das Lesetempo zu langsam vorkommt, ist es genau richtig. Die meisten Redner lesen viel zu schnell ab.

amüsieren. Aber auch Kinder haben ein Recht auf gute Laune – und sind pflegeleichter, wenn sie beschäftigt werden.
Professionelle Eventagenturen kümmern sich darum, dass die Kinder Spaß und Action haben. In der Kinderecke werden Geschichten vorgelesen, Spiele gespielt, es wird gebastelt, geschminkt, gebaut, getobt. Die Preise richten sich nach Buchungsdauer, Anzahl der Kinder und Aktionen. Für die Betreuung von 10 Kindern müssen Sie pro Stunde etwa 35 Euro einkalkulieren, zusätzlich Material- und Anfahrtskosten. Mehr Infos unter 🌐 www.weddinghelfer.de.

Wenn Sie nebenberufliche Babysitter für die Kinderbetreuung engagieren, liegt der Stundenlohn um die 10 Euro. Bitten Sie die Eltern im Vorfeld, Spielzeug und Bücher mitzubringen, womit die Kleinen beschäftigt werden können. Alternativ zum Babysitter können Sie einige Eltern mobilisieren, diese Aufgabe im Wechsel zu übernehmen.

MEIN TIPP: Während des Essens ist ein Kindertisch sinnvoll. Hier werden kindgerechte Speisen serviert und kleine Spiele auf dem Tisch vorbereitet, damit alle ihren Spaß haben und beschäftigt sind. Ein Babysitter sitzt dabei, sodass die Eltern und die anderen Gäste ungestört das Essen genießen können.

EXTRA TIPP

Für die standesamtliche Trauung brauchen Sie keine Kinderbetreuung, da die Zeremonie relativ kurz ist. Anders sieht es bei der kirchlichen Trauung aus. Beziehen Sie die Kinder in das Fest ein. Den Job von zwei Blumenkindern könnten auch vier oder mehr übernehmen. Ein weiteres Kind kann das Ringkissen überreichen. Die Kinder sind so aufmerksamer und warten freudig auf ihren Einsatz.

So langweilen sich Ihre kleinen Gäste nicht

- **Trickfilmstunde:** Bereiten Sie für die kleinen Gäste einen DVD-Player oder Laptop vor, an dem sie ihre Lieblingsfilme ansehen können.
- **Künstlerwerkstatt:** Breiten Sie in einer Ecke ein Bettlaken aus, und animieren Sie die Kinder dazu, mit Filzstiften ein Hochzeitsbild zu malen.
- **Hochzeitsolympiade:** Wettkämpfe kommen bei Mädchen und Jungen jeder Altersgruppe sehr gut an. Disziplinen können etwa Taschentuchweitwurf, Wattebauschpusten, Salzstangenwettessen, Erbsensaugen oder Ballonhüpfen sein.
- **Spielstunde:** Organisieren Sie je nach Wetterlage drinnen und draußen Kinderspiele. Bitten Sie die Eltern, Spiele mitzubringen, lassen Sie die Kleinen im Garten herumtoben, teilen Sie dafür Luftballons oder Fläschchen für Seifenblasen aus.
- **Tanzeinlage:** Bitten Sie den DJ, zwischendurch einen Tanz für die Kinder einzulegen, etwa eine kleine Karawane, einen griechischen Sirtaki oder den traditionellen Webertanz, bei dem das Brautpaar und die Blumenkinder durch Tore schlüpfen.
- **Erbsen zählen:** Die Kinder gehen mit einem Glas voller Erbsen durch die Hochzeitsgesellschaft und lassen die Gäste schätzen, wie viele Erbsen im Glas sind. Der Gewinner darf einen Tanz mit der Braut tanzen – die Kinder werden für ihre Mühe mit kleinen Leckereien belohnt.

CHECKLISTE
HOCHZEITSPLANER

	Hochzeitsplaner 1	Hochzeitsplaner 2	Hochzeitsplaner 3
Name			
Adresse			
Telefonnummer			
E-Mail			
Internet			
	Angebot 1	**Angebot 2**	**Angebot 3**
Stundenpreis			
Paketpreis 1			
Paketpreis 2			
Paketpreis 3			
Prozentualer Anteil am Gesamtbudget			
Gesamtkosten			

FRAGEN AN DEN HOCHZEITSPLANER

1. Allgemeines

Wie lange arbeiten Sie schon als Hochzeitsplaner?	
Sind Sie hauptberuflich als Hochzeitsplaner tätig?	
Wie viele Hochzeiten planen Sie pro Jahr?	
Haben Sie eine anerkannte Ausbildung als Hochzeitsplaner?	
Beschäftigen Sie weitere Mitarbeiter?	
Welches war die größte Hochzeit, die Sie bisher geplant haben?	
Mit welchen fünf Begriffen würden Sie Ihre Arbeit beschreiben?	
Welches war die schönste Hochzeit, die Sie bisher geplant haben? Warum?	
Welches war die schwierigste Hochzeit, die Sie bisher geplant haben? Warum?	

2. Unsere Hochzeit

Begleiten Sie persönlich unsere Hochzeit?

Wie viele Mitarbeiter werden an der Organisation unserer Hochzeit beteiligt sein?

Was passiert, wenn Sie am Tag der Hochzeit krank werden? Gibt es eine Vertretung?

Wie lange werden Sie an unserem Hochzeitstag persönlich vor Ort sein?

Sind Sie bei Terminen wie Besichtigungen, Anproben etc. mit dabei?

Wie lange benötigen Sie, um unsere Hochzeit zu planen?

Bekommen wir von Ihnen eine Vorschlagliste mit möglichen Dienstleistern?

Wer unterschreibt die Verträge mit den Dienstleistern?

Gibt es Bereiche, in denen Sie uns nicht unterstützen können?

Können Sie uns bei der Gästeunterbringung unterstützen?

3. Kosten

Fallen für das erste Kennenlerngespräch Kosten an? Wenn ja, wie viel?

Werden diese Kosten verrechnet, wenn wir Sie als Hochzeitsplaner engagieren?

Wie viel Planungszeit ist in dem Paketpreis inbegriffen?

Fallen zusätzliche Fahrtkosten an? Wenn ja, wie viel?

Berechnen Sie Ihr Honorar stundenweise, prozentual von unserem Gesamtbudget, oder gibt es Paketpreise?

Müssen wir eine Anzahlung leisten?

Wann ist der Gesamtbetrag fällig?

Bekommen wir einen schriftlichen Vertrag?

Wie sind die Stornobedingungen?

ACCESSOIRES

- Ringe schlicht & schmal
- Ringe mit Profis selber machen
- Ringkissen
- Blumenkinder: dress for less
- Traukerze
- Wedding Bubbles

ACCESSOIRES

Bei einer Hochzeit sollte man nichts dem Zufall überlassen. Gerade die scheinbar kleinen und weniger wichtigen Dinge prägen die Atmosphäre. Schöne Ringe. Ein stilvolles Ringkissen. Süße Kinder mit bunten Blumenkörben. Liebevolle Gastgeschenke. Eine ganz persönliche Hochzeitskerze. All das muss nicht teuer sein.

- Liebevolle Gastgeschenke
- Rikscha, Roller & Ruderboot
- Edles Hochzeitsauto
- Geschenketisch im Internet

Fotos: © Ron Chapple Studios, © Claus Mikosch, © Andrey Stratilatov | Dreamstime.com, iStockphoto

ACCESSOIRES

INTERNET TIPP

Im Internet bieten einige Juweliere Ring-Konfiguratoren an. Sie wählen Material, Profil, Brillanten und Gravur aus und sehen dann den Ring inklusive Preis. Möglich etwa unter
- www.amodoro.de
- http://de.edenly.com
- www.123gold.de

81 Ringe: am besten schlicht & schmal

SPARPOTENZIAL ●●●

Deutsche Brautpaare geben im Schnitt 1.100 Euro für ihre Eheringe aus. Ein hoher Posten, allerdings begleiten Sie die Ringe auch Ihr ganzes Leben lang.

Vor dem Besuch beim Juwelier sollten Sie sich im Internet, in Zeitschriften, Katalogen oder bei einem Schaufensterbummel klar werden, welche Art von Ringen Ihnen gefällt. Die Preise hängen von dem gewählten Material (Edelstahl, Silber, Weißgold, Gelbgold, Rotgold, Platin), von Edelsteinen und von der Gestaltung ab. Einen günstigen Ring bekommen Sie für ca. 300 Euro, die mittlere Preisklasse liegt bei 800 Euro, und die Oberklasse geht bis zu 2.000 Euro.

Generell gilt: Je schmaler der Ring, desto günstiger der Preis. Platin liegt im Trend, ist aber etwa doppelt so teuer wie Gold. Inzwischen gibt es auch günstigere Legierungen, die einen geringeren Platinanteil haben, beispielsweise das 600er-Platin. Fragen Sie den Juwelier nach Ringen in dieser Qualität.

Wenn Sie sich über Verarbeitung, Material und Aussehen Ihrer Ringe im Klaren sind und Ihre genaue Ringgröße kennen,

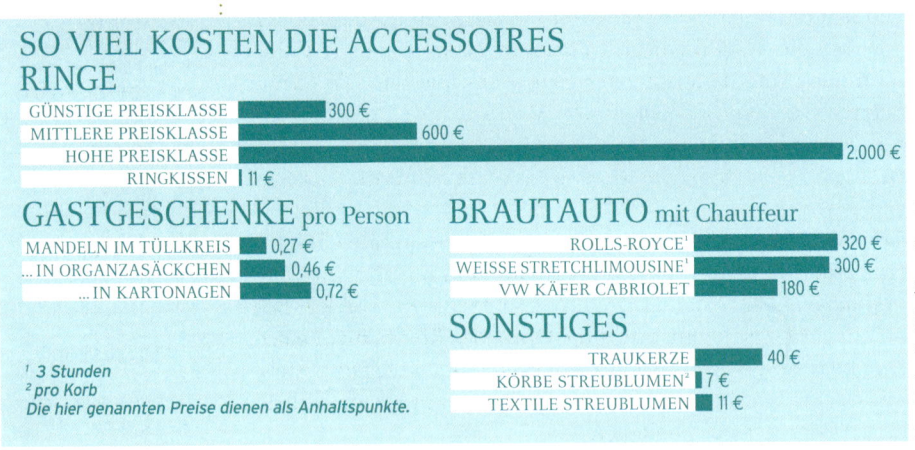

SO VIEL KOSTEN DIE ACCESSOIRES
RINGE
- GÜNSTIGE PREISKLASSE — 300 €
- MITTLERE PREISKLASSE — 600 €
- HOHE PREISKLASSE — 2.000 €
- RINGKISSEN — 11 €

GASTGESCHENKE pro Person
- MANDELN IM TÜLLKREIS — 0,27 €
- ...IN ORGANZASÄCKCHEN — 0,46 €
- ...IN KARTONAGEN — 0,72 €

BRAUTAUTO mit Chauffeur
- ROLLS-ROYCE[1] — 320 €
- WEISSE STRETCHLIMOUSINE[1] — 300 €
- VW KÄFER CABRIOLET — 180 €

SONSTIGES
- TRAUKERZE — 40 €
- KÖRBE STREUBLUMEN[2] — 7 €
- TEXTILE STREUBLUMEN — 11 €

[1] 3 Stunden
[2] pro Korb
Die hier genannten Preise dienen als Anhaltspunkte.

Fotos: © Andrey Stratilatov | Dreamstime.com

bietet sich auch ein günstigerer Einkauf im Internet an, etwa unter www.ring-paare.de, www.traum-trauringe.net, www.trauringschmiede.de, www.glanzwelten.de.
MEIN TIPP: Wählen Sie eher schlichte Eheringe, denn Trends ändern sich schnell, und der Ring sollte Ihnen nicht nur eine Saison, sondern ein ganzes Leben lang gefallen. Ist das Budget knapper, verzichten Sie beim Kauf auf einen Edelstein, diesen können Sie auch noch nach der Hochzeit einarbeiten lassen.

82 Ringe mit Profis selber machen
SPARPOTENZIAL ●●●○

Auch der Goldpreis ist gestiegen. Deshalb ist es eine gute Idee, die Trauringe aus Ihrem alten Schmuck gießen zu lassen bzw. selbst herzustellen. Dies wird von einigen Goldschmieden angeboten, natürlich unter Aufsicht und mit Unterstützung eines Profis aus dem Goldschmiedehandwerk. Die Kursgebühr startet bei ca. 60 Euro pro Teilnehmer. Dazu kommen Materialkosten für Ringe (abhängig von Legierung, Gewicht und Edelstein) und Gravurkosten. Weitere Infos finden Sie unter www.trauringe-berlin.com, www.goldschmiede-biedermann.de oder www.trauringkurse-wiesbaden.de.

Haben Sie einen alten Ring – vielleicht ein Erbstück Ihrer Großeltern –, den Sie so nicht mehr tragen möchten, an dem Sie aber emotional hängen? Vielleicht lassen Sie diesen einschmelzen und daraus einen neuen Ring machen. Die Firma Schmuck & Stein in Poppau (www.schmuck-und-stein.de) fertigt Eheringe aus von Ihnen angeliefertem Altgold – so verwandeln Sie auch defekte oder untragbare Schmuckstücke in etwas ganz Neues.

Oder versuchen Sie, in einem Laden für Antiquitäten fündig zu werden. Antike Ringe sind einmalig und unverwechselbar und haben über Generationen hinweg eine ganz besondere Bedeutung. Vielleicht entspricht die Optik des Ringes nicht ganz Ihren Vorstellungen, aber Sie könnten im Vintage-Stil Altes mit Neuem kombinieren und in den Ring zum Beispiel einen neuen Edelstein einarbeiten lassen.

Falls Sie Verlobungsringe tragen, können Sie diese am Hochzeitstag zu Eheringen umfunktionieren. Von der Verlobung bis zur Hochzeit wird der Ring am Ringfinger der linken Hand getragen, nach der Trauung an der rechten.

Achten Sie bei der Wahl des Juweliers darauf, dass die Kosten für das Gravieren und die Anpassung der Ringgröße im Preis inbegriffen sind. Günstige Ringe können mit diesen zusätzlichen Kosten schnell teuer werden. Wird die Gravur zusätzlich fällig, wird pro Buchstabe und Zahl abgerechnet. Das heißt: langer Text – hoher Preis, kurzer Text – kleiner Preis. Anregungen für Sprüche & Inschriften finden Sie unter **www.trauringe-eheringe.info**.

ACCESSOIRES

83 Ringkissen kreativ selbst gestalten
SPARPOTENZIAL

Möchten Sie Ihre Trauringe bei der kirchlichen oder standesamtlichen Trauung hübsch präsentieren? Bitten Sie Ihre Mutter oder Großmutter, ob sie Ihnen ein Ringkissen nähen oder ein schlichtes Kissen besticken kann. Anleitungen zum Selbernähen finden Sie unter 🪐 www.kostenlose-schnittmuster.de. Neue Ringkissen finden Sie ab ca. 11 Euro im Internet unter 🪐 www.ringkissen-shop.de.

Vielleicht fragen Sie Freunde, ob sie Ihnen ein Ringkissen leihen könnten. Wer gern bastelt, könnte ein Moosherz (Preis: 4,75 Euro) oder ein Lianenherz (Preis 4,95 Euro) mit Chiffonbändern verzieren. Das Bastelzubehör gibt es unter 🪐 www.steckschaum-produkte.de. Diese Einzelstücke eignen sich zugleich auch als Tischdekoration.

Gleiches gilt für große Blüten, die Ringe kommen beispielsweise in einer Sonnenblume sehr gut zur Geltung. Fragen Sie Ihre Floristin, ob sie eine kreative Idee für individuelle Ringkissen hat. Die günstigste Variante: Dekorieren Sie die Schachtel, die Sie vom Juwelier bei der Abholung der Ringe bekommen haben, mit Satinbändern in Ihren Hochzeitsfarben.

Der neueste Trend aus den USA sind Kerzen aus Sand. Füllen Sie Dekosand in Ihren Hochzeitsfarben in Apothekerfläschchen. Dekorieren Sie diese gemeinsam mit einem leeren Glasgefäß, Wachs und Docht auf dem Altar. Während der Trauung können Sie die Kerze gemeinsam mit Ihrer Familie „gießen". Der Preis für diese Hochzeitskerze liegt bei etwa 15 Euro.

84 Traukerze im Werkverkauf
SPARPOTENZIAL

Die Hochzeitskerze ist kein Muss bei der kirchlichen Trauung, man kann sie aber wunderbar in die Zeremonie integrieren. Sie wird oft von einem Blumenmädchen in die Kirche getragen und im Laufe des Gottesdienstes vom Brautpaar angezündet. Alternativ steht die Hochzeitskerze bereits beim Einzug brennend auf dem Altar.

Traukerzen bekommen Sie in fast jeder Brautboutique, dort müssen Sie dafür um die 40 Euro kalkulieren. Alternativ werden schlichtere Traukerzen im Internet angeboten, etwa bei 🪐 www.kerzen-insel.de, die Preise beginnen bei ca. 17 Euro. Auch Selbermachen ist nicht schwer: Kaufen Sie eine passende Kerze günstig in Wachsfabriken mit Werksverkauf. Eine Übersicht über Fabrikverkäufe finden Sie unter 🍭 www.gewerbeverzeichnis-deutschland.de. Zubehör für die Kerzengestaltung (etwa Perlen, Golddraht oder Wachsplatten) gibt es in jedem gut sortierten Bastelladen. Im Internet finden Sie Wachsornamente zum Aufkleben oder auch Fototransfer-Folien, auf die Sie ein Foto Ihrer Wahl mit einem Laserdrucker drucken können. Mehr Infos unter 🍭 www.die-kerze.de.

85 Wedding Bubbles statt Streublumen
SPARPOTENZIAL 🟡🟡

STOLPERSTEIN

Das Streuen echter Blütenblätter wird in manchen Kirchen nicht gern gesehen, da der Steinfußboden durch die Farbpigmente Schaden nehmen könnte. Falls der Pfarrer dagegen ist, gibt es hübsche Alternativen, etwa Papierkonfetti in Blütenform (**www.braut-shopping24.de**, ab 4,50 Euro) oder textile Rosenblätter (**www.luftballonwelt.de**, ab 11 Euro).

Das Streuen von Blütenblättern soll für Fruchtbarkeit sorgen. Deshalb tragen die Blumenkinder, meistens ein Mädchen und ein Junge, kleine Körbe mit bunten Blüten oder Rosenblättern, die zu Ehren des Brautpaares nach oder auch vor der Trauzeremonie gestreut werden. Jedes Kind bekommt dafür einen eigenen Korb mit Blüten. Günstige Blumenkörbe finden Sie ab 7 Euro unter 🍭 www.weddingshop-berlin.de.
Wenn Sie mehrere Blumenkinder einsetzen, können Sie die Körbe auch selbst basteln. Etwa Herztaschen aus Moosgummi. Die Bastelanleitung finden Sie unter 🍭 www.hochzeit-blog.de. Oder aber kleine Papiertüten in Ihren Hochzeitsfarben, die Sie mit Rosenblättern füllen. Die Tüten können in einem Korb dekoriert werden, den Sie zu Hause haben.
MEIN TIPP: Verteilen Sie statt Streublumen Wedding Bubbles an die Kleinen. So sparen Sie Blütenblätter und Streukörbchen. Ein Karton mit 24 Fläschchen kostet 16 Euro bei 🍭 www.braut-shopping24.de.

86 Blumenkinder: dress for less
SPARPOTENZIAL 🟡🟡

Die Blumenkinder tragen kleine Körbe mit bunten Blüten oder Rosenblättern, die zu Ehren des Brautpaares nach oder auch vor der Trauzeremonie gestreut werden. Wenn Sie Wert auf

ACCESSOIRES

spezielle Kleidung der Blumenkinder legen, sollten Sie sich bezüglich der Kosten mit deren Eltern absprechen. Ansonsten stimmen sich die Mütter untereinander ab. Bitten Sie diese, ihre Kinder in Weiß zu kleiden und dafür Kleider zu verwenden, die sie schon haben. Kaufen Sie 10 bis 15 cm breite Bänder aus Taft oder Samt in Ihrer Hochzeitsfarbe, und binden Sie den Blumenkindern einen bunten Gürtel um. Oder besorgen Sie für die Blumenkinder farbige Halstücher, die zum Haarband, Bandana oder Armband umfunktioniert werden kann.

Die Brautjungfern sind nach der Trauzeugin die wichtigsten Helferinnen bei den Vorbereitungen der Hochzeit. Die Garderobe wird gemeinsam mit der Braut besprochen, damit sich die Brautjungfern in Stil und Farben der Hochzeit anpassen. Wenn Sie keinen Wert auf eine einheitliche Kleidung der Brautjungfern legen, können diese ihre eigenen Kleider anziehen. Im anderen Fall ist es üblich, dass Brautpaar und Brautjungfern sich die Kosten für Kleider und Accessoires teilen.

87 Liebevolle Gastgeschenke
SPARPOTENZIAL ●●

Gastgeschenke können mehrere Funktionen übernehmen, etwa auch die der Tischdekoration oder der Tischkarten. Stellen Sie die hübsch verzierten Gastgeschenke in die Mitte des Tisches; sie sollten aber eine gewisse Größe haben, damit der Tisch nicht zu leer wirkt. Um die Gastgeschenke als Platzkarte zu nutzen, personalisieren Sie sie mit dem Hochzeitsetikett. Der Klassiker sind Hochzeitsmandeln: Pro Gast werden 5 Mandeln verschenkt, die Gesundheit, Liebe, Erfolg, Glück & Kindersegen symbolisieren. 500 Gramm Mandeln reichen für ca. 30 Personen. Mehr Infos unter www.hochzeits-mandeln.de (1.000 Gramm für 10 Euro). Die Mandeln können Sie in farbige Tüllkreise (www.die-familienfeier.de, 25 Stück für 2,50 Euro) oder Organzasäckchen (www.tafeldeko.de, 0,29 Euro pro Stück), Kartonagen (www.princessdreams.de, 0,55 Euro pro Stück) oder in durchsichtige Pralinentüten (www.tortissimo.de, 10 Stück für 1,95 Euro) packen. Alternativ kön-

DO IT YOURSELF

Feiern Sie eine Themenhochzeit? Dann basteln Sie passend zum Thema kleine Give-aways. Wenn Sie z. B. eine Strandhochzeit feiern, dann können Sie kleine Gefäße besorgen und diese mit Sand und Muscheln füllen. Maritime Dekoration, wie Muscheln, Sand und Netze, finden Sie unter **www.deko-maritim.de.de**.

Fotos: © Ron Chapple Studios, © Monkey Business Images | Dreamstime.com

nen Sie auch Herz-Miniseifen in Ihren Hochzeitsfarben (www.seifen-versand.de, 0,35 Euro pro Stück) oder Teelichter in Herzform (www.baumann-floristik.de, 6 Stück für 1,35 Euro) hübsch verpacken und auf den Tischen dekorieren.

MEIN TIPP: Anstatt eines Gastgeschenkes, das vielleicht im Papierkorb landet, können Sie eine Spende für eine gemeinnützige Einrichtung, Vereine, Schulen, Pflegeheime, Obdachlosenheime, Kindergärten, Projekte in Entwicklungsländern etc. organisieren. Eine Übersicht über verschiedene Spendenmöglichkeiten (Geld-, Sach- und Zeitspenden) gibt es unter www.spendenportal.de. Erklären Sie in Ihrer Ansprache kurz den Grund, der hinter der Idee steckt.

88 Edles Hochzeitsauto – ganz günstig
SPARPOTENZIAL ●●●

Am Hochzeitstag darf der große Auftritt nicht fehlen. Viele Brautpaare wünschen sich dafür ein besonderes Fahrzeug. Die Mieten für Autos sind regional und je nach Modell sehr unterschiedlich. Für einen Rolls-Royce mit Chauffeur müssen Sie beispielsweise circa 320 Euro für 3 Stunden einplanen

Ideen für kleine selbst gemachte Gastgeschenke

- **Cookies:** Selbst gebackene Kekse oder chinesische Glückskekse mit kleinen Botschaften.
- **Champagnermarmelade:** Das Rezept finden Sie unter www.hochzeit-blog.de. Günstige Gläser gibt es bei www.holtermann-glasshop.de.
- **Dolce-Etagere:** Stellen Sie auf den Tischen kleine Etageren auf, gefüllt mit Süßigkeiten. Die Boxen zum Einpacken dazudekorieren.
- **Pralinen:** Leckere Rezepte finden Sie bei www.pralinenideen.de.
- **Topfpflanzen:** Schenken Sie jedem Gast selbst herangezogene Gewürztöpfchen, etwa mit Thymian oder Rosmarin.
- **Setzlinge:** Fragen Sie in einer Baumschule oder im Baumarkt nach Angeboten für immergrüne Setzlinge. In kleine Tontöpfe einpflanzen und mit den Namen der Gäste beschriften.
- **Blumen aus Ihrem Garten:** Orchideenröhrchen als Wasserspender gibt es günstig bei www.dekoheinz.de.
- **Duftpotpourris:** Für den Duftmix eignen sich Lavendel, Rosmarin, Holunderblüten, Melisse, Salbei, Minze, Duftrosen, Nelke, Zimt.
- **Badesalz:** Mit Lebensmittelfarbe färben und in eine schöne Flasche füllen. Anleitungen unter www.meinekosmetik.de.

ACCESSOIRES

STOLPER-STEIN

Ein alter Aberglaube besagt, dass der Bräutigam das Hochzeitsauto nicht selbst lenken darf, wenn er nicht direkt ins Unglück fahren will. Auch wenn Sie mit Ihrem eigenen Auto fahren möchten, sollten Sie Ihren Trauzeugen bitten, als Chauffeur einzuspringen.

DO IT YOURSELF

Wenn Sie sich in Ihrem eigenen Auto fahren lassen, dekorieren Sie den Wagen mit Wandstickern, die sich später leicht ablösen lassen. Es gibt viele Motive, die gut zu einer Hochzeit passen: Herzen, Blumen, Tauben, Zitate, verschlungene Ornamente. Infos unter www.deine-wandtattoos.de.

(🌀 www.rollsroyce-vermietung.de), eine weiße Stretchlimousine kostet für 3 Stunden rund 300 Euro (🌀 www.sternlimos.de) und einen VW Käfer Cabriolet mit Fahrer bekommen Sie ab 180 Euro (🌀 www.kaefermieten.de). Wenn es kein Oldtimer sein muss, können Sie Ihr Hochzeitsauto auch bei einem klassischen Autovermieter anmieten. Ein BMW 1er Cabrio kostet pro Tag etwa 150 Euro. Mehr Infos unter 🌀 www.sixt.de. Achtung: Bei regulären Autovermietern buchen Sie immer nur die Fahrzeugklasse und nicht einen bestimmten Fahrzeugtyp. Wenn Sie sich eine bestimmte Automarke als Hochzeitsauto wünschen, versuchen Sie Folgendes: Suchen Sie den entsprechenden Autohändler, und bringen Sie Ihr Anliegen vor. Es gibt einige Autohäuser, die Verliebten entgegenkommen und günstig einen Vorführwagen vermieten.

Wenn einer Ihrer Freunde oder Verwandten ein besonderes Auto fährt – etwa einen Oldtimer, einen Sportwagen oder eine komfortable Limousine –, bitten Sie ihn, den Chauffeur zu spielen. Verzieren Sie das geliehene Brautauto nur dezent mit Schleifen, damit das Fahrzeug keinen Kratzer abbekommt.

MEIN TIPP: Sinnvoll ist, das Auto nicht den ganzen Tag und die Nacht zu mieten, sondern nur stundenweise für die Fahrt zur Kirche und zur Location. Nach der Party können Sie sich von Freunden nach Hause bringen lassen.

89 Rikscha, Roller oder Ruderboot
SPARPOTENZIAL ●●●

Mit einer Hochzeitskutsche bei der Kirche vorzufahren ist für viele Paare der Inbegriff von Romantik. Die Kutsche selbst kann von zwei oder mehr Pferden gezogen werden. Allerdings gilt: Je mehr Pferde, desto höher der Preis.

Wenn Sie im Sommer heiraten, sollten Sie rechtzeitig (ca. ein halbes Jahr vorher) mit einem Anbieter Kontakt aufnehmen. Die Preise liegen bei 200 bis 400 Euro pro Stunde für einen Zweispänner. Infos unter 🌀 www.hochzeitskutschen.com.

Dazu gibt es eine Reihe günstiger Varianten. Leihen Sie sich von einem Freund eine Vespa, oder mieten Sie den Roller

(👉 www.rollerverleih-stuttgart.de, 29 Euro pro Tag). Auch ein Motorrad mit einem Beiwagen ist eine originelle Idee. Fahren Sie gemeinsam mit dem Fahrrad (am besten auf einem mit Bändern geschmückten Tandem) zum Standesamt, oder lassen Sie sich in einer weißen Hochzeits-Rikscha (👉 www.rikscha-mobil.de) zur Kirche fahren. Feiern Sie an einem See oder einem Fluss? Dann lassen Sie sich mit einem Ruderboot zu Ihren Gästen rudern.

MEIN TIPP: Bei kürzeren Distanzen organisieren Sie eine Hochzeitsparade – laufen Sie gemeinsam mit Ihren Gästen von der Kirche oder dem Standesamt zur Location der Feier.

90 Geschenketisch im Internet nutzen
SPARPOTENZIAL ●●●

Ihre Wunschliste für Hochzeitsgeschenke sollten Sie im Vorfeld genau überlegen, sonst kann es passieren, dass Sie Geschenke bekommen, die Sie nicht brauchen oder bereits doppelt im Schrank stehen haben. Wenn Sie sich kein Geld wünschen, planen Sie einen Hochzeitstisch. Das geht in einem Fachgeschäft oder auch online, etwa unter 👉 ww.vanlisten.de, 👉 www.wunsch-galerie.de, 👉 www.wunschboutique.de.
Die Vorteile der Online-Variante: Auf der Wunschliste können Sie Artikel aus vielen Produktbereichen einfach hinzufügen. Der Service ist gratis, jederzeit erreichbar, und alle Hochzeitsgeschenke werden in einer Lieferung zugestellt (Geschenkverpackung & Grußkarten inklusive). Bei den meisten Shops müssen Sie sich registrieren und einloggen, dann kann die Zusammenstellung der Wunschliste sofort beginnen. Bei manchen Shops können Sie sogar Ihre eigene Webseite gestalten. Die Gäste erhalten ein Passwort und können die Geschenke bequem auswählen und bezahlen.

MEIN TIPP: Wenn Sie sich ein teures Geschenk wünschen, etwa besondere Flitterwochen, können mehrere Gäste zusammenlegen und das Geschenk gemeinsam kaufen. Jedes Hochzeitsgeschenk ist beliebig teilbar.

EXTRA TIPP

Möchten Sie alle Gäste nach der Hochzeitsfeier gut nach Hause bringen lassen? Leihen Sie sich bei einem Nachbarn oder Ihrem Verein ein Auto mit mehr als fünf Sitzplätzen oder einen Kleinbus. Vielleicht übernehmen Nachbarn, Arbeitskollegen oder Bekannte Ihrer Eltern das Chauffieren der Gäste. Es ist selbstverständlich, dass die Fahrer während der Feierlichkeiten nichts trinken dürfen. So brauchen Sie nur dem Eigner des Fahrzeugs Geld für Benzin zu geben und sparen sich teure Taxen.

CHECKLISTE
ABLAUF HOCHZEITSTAG

Vor dem Standesamt/der Kirche	Uhrzeit Von	Bis	Zeitbedarf
Aufstehen			
Frühstück			
Dekoration Brautauto			
Friseur			
Make-up			
Lieferung Blumenschmuck			
Anziehen			
Abfahrt			

Standesamtliche Trauung	Uhrzeit Von	Bis	Zeitbedarf
Dekoration Trausaal			
Ankunft der Hochzeitsgäste			
Ankunft Fotograf/Videofilmer			
Ankunft Brautpaar & Trauzeugen			
Trauung			
Sektempfang			

Kirchliche Trauung	Uhrzeit Von	Bis	Zeitbedarf
Dekoration Kirche			
Aufbau Musik			
Ankunft Fotograf/Videofilmer			
Ankunft Bräutigam & Trauzeugen			
Ankunft der Hochzeitsgäste			
Begrüßung Gäste			
Gäste nehmen Platz			
Ankunft Braut & Eltern			
Einzug			
Kirchliche Trauung			
Gratulation durch die Gäste			
Abfahrt Brautpaar			
Fototermin Brautpaar			

Hochzeitsfeier	Uhrzeit Von	Bis	Zeitbedarf
Dekoration Location			
Aufbau Catering			
Aufbau Musik			
Ankunft Fotograf/Videofilmer			
Ankunft der Hochzeitsgäste			
Sektempfang			
Ankunft Brautpaar			
Begrüßung der Gäste			
Gäste nehmen Platz			
Kaffee & Kuchen			
Band beginnt zu spielen			

	Uhrzeit		Zeitbedarf
	Von	Bis	
Abendessen: Vorspeise			
Abendessen: Hauptgang			
Abendessen: Dessert			
Mitternachtssnack			
Verabschiedung des Brautpaares			
Ende der Hochzeitsfeier			

Aktionen & Spiele	Von	Bis	
Hochzeitstorte anschneiden			
Hochzeitswalzer			
Rede 1			
Rede 2			
Rede 3			
1. Showeinlage			
2. Showeinlage			
3. Showeinlage			
4. Showeinlage			
5. Showeinlage			
Feuerwerk			
Brautstrauß werfen			

WER MACHT WAS?

Was	Wer
Handtasche der Braut packen (Lippenstift, Bürste, Deo, Parfüm, Kopfschmerztabletten, Taschentücher)	
Notfallset an die Trauzeugin/Schminkassistentin geben (Nadel /Faden, Pflaster, Make-up, Haarspray, Ersatzstrumpfhose)	
Ringe, Ringkissen und Papiere mitnehmen	
Blumen vom Floristen abholen (Brautstrauß, Blumenschmuck für Auto, Anstecker Bräutigam, Streublumen für Blumenkinder)	
Kleingeld für Trinkgeld einstecken	
Fahrer Brautauto	
Assistenz der Braut (Make-up, Frisur etc.)	
Schleifen für Gästeautos verteilen	
Namensschilder für Gäste verteilen	
Tischkärtchen und Tischordnung zum Lokal bringen	
Aufsicht Blumenkinder	
Entgegennahme und Beaufsichtigung der Geschenke	
Geschenke in die Wohnung des Brautpaares bringen	
Gäste zu ihren Sitzplätzen bringen	
Betreuung der Kinder	
Dienstleister koordinieren (DJ, Band, Fotograf etc.)	
Ablauf der Showeinlagen organisieren	
Animation der Gäste für Spiele und Bräuche	

RUND UM DIE HOCHZEIT

- Comeback der Verlobung
- Kostenfreier Junggesellenabschied
- Lässiger Polterabend
- Flitter-Apartment
- Mit Honeymoon-Specials sparen
- Versicherungen checken

RUND UM DIE HOCHZEIT

Verlobung, Junggesellenabschied, Polterabend. Rund um das Jawort lassen sich viele tolle Events feiern. Und nach der Hochzeit ab in den Honeymoon. Den schönsten Tag des Lebens Revue passieren lassen, relaxen, Zweisamkeit genießen. Auch das gehört zu einer Hochzeit: Behördengänge und Formalitäten, die richtig Geld sparen können.

- Sicherheit für die Zukunft
- Tschüs, Traumhochzeit: 3-2-1-Deins!
- Steuern sparen
- Ehevertrag

Fotos: © mpixs, © Gina Sanders - Fotolia.com, iStockphoto, © Stephanie Swartz | Dreamstime.com

RUND UM DIE HOCHZEIT

91 Das Comeback der Verlobung
SPARPOTENZIAL ●●●

Von wegen altmodisch: Die klassische Verlobung erlebt gerade ein Revival. Immer mehr Paare entscheiden sich für diesen romantischen Auftakt für die aufregenden Hochzeitsmonate. Formal gesehen, ist die Verlobung ein Vertrag, mit dem sich zwei Personen versprechen, künftig die Ehe miteinander einzugehen, also ein gegenseitiges Eheversprechen.

Wenn Sie nur einige Menschen über das schöne Ereignis informieren wollen, ist der Versand von Verlobungskarten die günstigere Möglichkeit. Wenn Sie Ihre Verlobung vielen Menschen mitteilen wollen, rechnet sich eine Verlobungsanzeige besser. Die Preise für eine Annonce in der örtlichen Zeitung richten sich nach Größe und Farbigkeit der Anzeige sowie nach der Auflage der Zeitung. Ein Beispiel: Eine zweispaltige Anzeige mit drei Zusatzfarben im Münchner „Merkur" kostet ca. 50 Euro bei einer Auflage von ca. 200.000 Exemplaren. Auf Internetseiten größerer Tageszeitungen können Sie mit einem Designtool die Anzeige selbst gestalten. Beispiel: www.merkur-online.de.

Die Verlobung kann groß gefeiert werden, muss aber nicht! Die Feier kann auch bei den Brautleuten zu Hause oder im Haus der Brauteltern im Rahmen einer Grillfeier stattfinden. Egal, wofür Sie sich entscheiden, wichtig ist, dass Sie neben Ihren Eltern auch Ihre späteren Trauzeugen einladen.

MEIN TIPP: Zur Verlobung gehört der Verlobungsring für die Braut – ein für alle sichtbares Symbol des Heiratsversprechens. Tragen Sie den Ring von der Verlobung bis zur Hochzeit am Ringfinger der linken Hand, danach wechselt er nach rechts.

EXTRA TIPP

In Deutschland ist eine Verlobung rechtlich nicht bindend. Das bedeutet, dass eine „Entlobung" jederzeit ausgesprochen werden kann. Tritt ein Verlobter ohne triftigen Grund (etwa Untreue) von der Verlobung zurück, so muss er evtl. den Schaden ersetzen, der durch die Nichteingehung der Ehe entstanden ist. Beispiele dafür sind nutzlose Aufwendungen für die Hochzeitsfeier oder auch ein Brautkleid, das nicht mehr benötigt wird.

92 Kostenfreier Junggesellenabschied
SPARPOTENZIAL ●●●

Der Junggesellinnenabschied wird mindestens zwei bis drei Wochen vor der Hochzeit gefeiert, und anders als bei der förmlichen Hochzeitseinladung reicht für dieses Fest ein Anruf

Fotos: © Stephanie Swartz | Dreamstime.com

oder eine E-Mail. Mit dabei sind neben der Trauzeugin die besten Freundinnen, Schwestern, Schwägerinnen und Tanten. Traditionell feiern Braut und Bräutigam getrennt.

Lange Zeit waren luxuriöse Junggesellinnenabschiede im Ausland sehr beliebt. Der Wochenendtrip zum Shoppen nach Paris oder Rom ist aber leider auch sehr kostspielig. Feiern in der Heimat kann mindestens genauso viel Spaß machen. Zu Hause könnten Sie eine Pyjamaparty, kombiniert mit einem Rundum-Beautyprogramm, veranstalten. Oder eine Kochparty mit Picknick im Garten. Oder eine Discoparty mit SingStar.

Wer lieber auf nächtlicher Partytour durch die Stadt zieht, kann die Kosten für den JGA selbst wieder hereinholen: Schnallen Sie sich einen Bauchladen um, verkaufen Sie, was das Zeug hält. Statt Taxis zu bestellen, bitten Sie einen Freund, den Chauffeur zu spielen.

Viele kreative Ideen für tolle Junggesellenabschiede zu Hause oder unterwegs finden Sie auch in dem Buch „Der große Guide für Hochzeitsgäste". 🌐 www.perfectday-online.de.

93 Polterabend lieber lässig feiern
SPARPOTENZIAL ●●●

Der Polterabend findet ein paar Tage vor der Hochzeit statt, denn wer möchte schon verkatert und unausgeschlafen seine eigene Hochzeit erleben? Normalerweise werden Freunde, Verwandte und Bekannte formlos informiert, wann und wo gepoltert wird. Denken Sie eventuell auch an Ihre Nachbarn, denn bei einem Polterabend kann es schon mal lauter zugehen. Der Polterabend ist eher rustikal, und niemand erwartet gedeckte Tische und gepolsterte Stühle.

Da die Anzahl der Gäste oft nicht überschaubar ist, feiern Sie am besten im Freien. Tische und Bierbänke können Sie günstig bei einem Getränkeservice mieten. Auch das Essen steht beim Polterabend nicht im Vordergrund. Im Sommer bietet sich ein Grillfest mit Beilagen an. Bitten Sie Freunde oder Verwandte, etwas Selbstgemachtes zum Buffet beizusteuern. Kaufen Sie Essen und Getränke in einem Großmarkt wie Metro oder

STOLPERSTEIN

Am Polterabend zertrümmern die Gäste mitgebrachtes Porzellan vor der Haustür des Brautpaars, um die bösen Geister zu vertreiben. Um die Entsorgung der Scherben müssen Sie sich kümmern. Eventuell müssen Sie dafür sogar einen Container organisieren, was nicht ganz billig ist. Die Preise liegen bei circa 140 Euro für einen Drei-Kubikmeter-Container. Mehr Informationen unter **www.containerbestellung24.de**.

RUND UM DIE HOCHZEIT

INTERNET TIPP

Auf speziellen Portalen im Internet, etwa unter **www.weg.de** oder **www.swoodoo.com**, können Sie Preise für Flüge einfach vergleichen. Die günstigsten Preise erhalten Sie aber oft, wenn Sie direkt bei der Fluggesellschaft buchen. Dann entfällt die Buchungspauschale, die bis zu 20 Euro ausmachen kann. Abonnieren Sie den Newsletter von Fluggesellschaften und Reiseveranstaltern, wenn Sie regelmäßig über günstige Angebote informiert werden wollen. Hotelbewertungen finden Sie unter **www.tripadvisor.de**.

Fegro. Sicher kennen Sie jemanden mit einem Berechtigungsschein, der Sie begleitet. Die Märkte bieten preisgünstige Großpackungen, frisches Fleisch, Obst, Gemüse und Desserts. Und Sie zahlen nur einen Teil dessen, was Sie für einen Einkauf im Lebensmittelfachhandel ausgeben müssen.

94 Honeymoon: Mit Specials sparen
SPARPOTENZIAL ●●●

Die Hochzeitsreise ist auch dazu da, sich vom ganzen Hochzeitstrubel zu erholen. Deshalb lieber ein Ziel aussuchen, an dem Sie sich beide wohlfühlen. Wenn Ihr Ehemann kein Sightseeing-Fan ist, dann wird er wenig Begeisterung für einen Citytrip nach London aufbringen.

Strandurlaub, Städtereise, Wellness, Wanderurlaub, Adventure-Tour, Skihütte, einsame Insel, Kreuzfahrt oder Segeljacht – die Möglichkeiten für Flitterwochen sind vielfältig. Und viele Reiseveranstalter und Hotels haben spezielle Angebote für Honeymooner. Manche Hotels gewähren bis zu 50 Prozent Rabatt auf All-inclusive-Packages (Angebote gibt's beispielsweise unter **www.beachcomber-hotels.com**). Andere verwöhnen das Brautpaar mit kleinen Annehmlichkeiten: einem Champagner-Frühstück, einem kleinen Geschenkkorb oder einer entspannenden Massage. Um in den Genuss dieser Vorzüge zu kommen, müssen Sie dem Reiseveranstalter Ihre Heiratsurkunde vorlegen und den Honeymoon schnell nach der Hochzeit antreten. Zwischen Hochzeit und Reiseantritt sollten nicht mehr als sechs Monate liegen. Es lohnt sich, sich vorab zu informieren: im Internet, bei Reiseveranstaltern oder im Reisebüro.

MEIN TIPP: Da die Hochzeit an sich schon viel Geld schluckt, könnten Sie sich statt einer vierwöchigen Traumreise durch die Karibik auch einen romantischen Kurzurlaub gönnen, zum Beispiel in einem Day-Spa oder einem Wellness-Hotel. Wenn Sie aber von einem ganz bestimmten Urlaubsziel träumen, gehen Sie keine Kompromisse ein. Lieber die Flitterwochen um ein Jahr verschieben – und sich den Traum zum ersten Hochzeitstag erfüllen.

95 Flitter-Apartment zum Nulltarif
SPARPOTENZIAL ●●●

Ein Bungalow an der Küste, ein Haus in den Bergen, eine großzügige Wohnung in der City. Wenn Sie von einem Honeymoon in der Ferne träumen und in einer touristisch attraktiven Gegend oder Stadt wohnen, lassen Sie sich in einen Katalog für Wohnungstausch im Urlaub eintragen. Das Prinzip ist einfach: Ihre eigene Wohnung im Tausch gegen die Wohnung Ihrer Gäste. Das geht beispielsweise über Homelink, die weltweit größte Tauschorganisation mit über 13.500 Mitgliedern aus mehr als 68 Ländern. Der Jahresbeitrag für die Mitgliedschaft beträgt 120 Euro, mehr Informationen unter 🪐 www.homelink.de. Auch die Verpflegung kann günstig sein. Statt Restaurants zu besuchen, kaufen Sie Ihre Verpflegung im Supermarkt und picknicken im „eigenen" Garten.

MEIN TIPP: Im Internet lassen sich Reiseführer für viele Städte preisgünstig oder sogar gratis als MP3-Dateien downloaden, beispielsweise unter 🪐 www.iaudioguide.com. Auch Sprachführer gibt es gratis im Netz, etwa den Mini-Sprachführer von Langenscheidt in 20 Sprachen, 🪐 www.reisetests.de.

> **EXTRA TIPP**
>
> Für Paare, die sich eine Kreuzfahrt auf einem Luxusschiff wünschen und offen für eine Last-Minute-Buchung sind, gibt es eine günstige Möglichkeit. Suchen Sie im Internet nach sogenannten Storno-kabinen. Das sind Kabinen, die von Urlaubern aus welchen Gründen auch immer storniert werden mussten und kurz vor der Reise günstig verkauft werden. Die preiswerteste Variante: Buchen Sie Ihre Kabine im Innenbereich – hier sind Einsparungen bis zu 50 Prozent möglich. Mehr Informationen unter **www.kreuzfahrten-verzeichnis.de** oder **www.storno-kabinen.de**.

96 Weg mit doppelten Versicherungen
SPARPOTENZIAL ●●●

Durch die Hochzeit ändern sich einige finanzielle Dinge – auch Ihre Versicherungen. Doppelte Versicherungen sind selten sinnvoll. Überprüfen Sie Privathaftpflichtversicherung, Unfallversicherung, Hausratversicherung und Rechtsschutzversicherung. Durch Kündigung einer der beiden Versicherungen können Sie bares Geld sparen. Wichtig ist auch, wer bei den bestehenden Versicherungen als Bezugsberechtigter eingetragen ist. Diese sind häufig noch auf die Mutter oder Geschwister ausgestellt. Zukünftig sollte der Ehemann/die Ehefrau als Berechtigte/r eingetragen werden, da allein die Heirat nicht zu einer Berechtigung führt. Ihre Kfz-Versicherungen sollten Sie ebenfalls überprüfen, denn einige Po-

RUND UM DIE HOCHZEIT

EXTRA TIPP

Laut dem gerade in Kraft getretenen neuen Versicherungsvertragsgesetz muss die Versicherung die Kündigung oder Reduzierung wegen Eheschließung nicht nur akzeptieren, sondern auch für die kommenden Monate bereits gezahlte Beiträge zurückerstatten.

licen sind auf einen bestimmten Personenkreis beschränkt, der berechtigt ist, das Fahrzeug zu fahren. Ist dies der Fall, müssen sich die Partner gegenseitig als Fahrer eintragen lassen, damit der Versicherungsschutz bestehen bleibt.

Für spezielle Themen wie beispielsweise die anstehende Hochzeitsreise müssen Sie überprüfen, ob eine Auslandskrankenversicherung besteht. Vielleicht lohnt sich auch eine Scheidungs-Rechtsschutzversicherung. Die gibt es tatsächlich!

Weiterführende Infos zum Thema Versicherungen finden Sie unter www.bundderversicherten.de. Machen Sie nach der Hochzeit einen Termin mit Ihrem Versicherungsmakler, und lassen Sie sich detailliert über die Möglichkeiten infomieren.

97 Eine Versicherung, die jeder braucht
SPARPOTENZIAL ●●●

Zur Absicherung Ihrer Familie sollte der Hauptverdiener eine Risikolebensversicherung abschließen – ein Unglücksfall kann für Ihre Familie schnell zum finanziellen Albtraum werden. Haben Sie bereits so eine Versicherung abgeschlossen? Dann muss das Bezugsrecht kontrolliert werden. Steht der Name

Behördengänge und Ummeldungen von A bis Z

Wenn Sie den Namen Ihres Partners angenommen haben oder einen Doppelnamen tragen, müssen Sie einige Dokumente ändern lassen: Personalausweis und Reisepass, Lohnsteuerkarte und die Kfz-Zulassung. Die Namensänderung auf dem Führerschein ist freiwillig. Zudem informieren Sie:

- Arbeitgeber
- Bank
- Einwohnermeldeamt
- Finanzamt
- GEZ
- Internetanbieter
- Krankenkasse
- Kreditkarteninstitute
- Shoppingkarten
- Stadtwerke
- Stromanbieter
- Telefonanbieter
- Vereine
- Vermieter
- Versandhäuser
- Versicherungen
- Zeitschriften

Vergessen Sie nicht, das Namensschild an Türe und Briefkasten zu ändern. Beantragen Sie eine neue E-Mail-Adresse bei Ihrem Provider, und lassen Sie gegebenenfalls Ihre Visitenkarten neu drucken.

Ihres Ehepartners im Versicherungsschein? Wichtig ist diese Formalität vor allem, wenn der neue Partner vorher schon einmal verheiratet war. Sonst bleibt auch in der neuen Ehe womöglich noch der Expartner begünstigt. Mehr Infos finden Sie im Internet beispielsweise unter 💘 www.cosmosdirekt.de.

98 Vor- und Nachteile des Ehevertrags
SPARPOTENZIAL ●●●

Wann ist ein Ehevertrag sinnvoll?
● Wenn ein Partner Vermögen / hohe Schulden in die Ehe einbringt.
● Wenn ein Partner während der Ehe eine oder mehrere hohe Erbschaften erwartet.
● Wenn ein Partner vom anderen finanziert wird.
● Wenn ein Partner eine eigene Firma hat oder Freiberufler ist.

Der Ehevertrag wird oft nicht gern angesprochen – wer denkt schon vor der Hochzeit bereits über Trennung nach? Aber: Die Eheschließung an sich ist ein Vertrag, und dafür sieht der Gesetzgeber ein Set von Regeln vor, die angewendet werden, wenn man nichts anderes vereinbart. Eben das Ehe- und Scheidungsrecht. Die Ehepartner verpflichten sich zur ehelichen Lebensgemeinschaft und zum gegenseitigen Unterhalt – auch im Falle des Getrenntlebens. Die Ehe ist zudem eine Zugewinngemeinschaft. Das bedeutet: Bei Scheidung erfolgt ein Zugewinnausgleich für gemeinsam erwirtschaftete Güter. Und die Ehepartner verpflichten sich zum Versorgungsausgleich: Bei Scheidung werden Rentenanwartschaften oder andere Altersversorgungen ausgeglichen.

Ein Ehevertrag ist sinnvoll, wenn man sich absichern möchte. Beispielsweise kann darin Gütertrennung vereinbart werden. Die Ehepartner stehen so wirtschaftlich zueinander wie fremde Personen: Keiner ist dem anderen nach der Ehe etwas schuldig. Versorgungsausgleich und Unterhaltsanspruch lassen sich ebenfalls ausschließen oder individuell regeln – solange der Vertrag nicht sittenwidrig einen der Partner benachteiligt. Grundlage für die Berechnung der notariellen Gebühren ist das Vermögen beider Partner (bei einem Reinvermögen von 50.000 Euro fallen circa 300 Euro zzgl. MwSt. und Schreibgebühren an). Dazu kommen die Anwaltskosten.

MEIN TIPP: Eheverträge sind ein heikles Thema. Wenn Sie es nicht vor der Hochzeit ansprechen wollen, können Sie den Ehevertrag auch während der Ehe abschließen. Lassen Sie sich von einem Anwalt dazu beraten.

RUND UM DIE HOCHZEIT

99 Steuern sparen – leicht gemacht
SPARPOTENZIAL ●●●

Bei der Entscheidung, welche Steuervariante nach der Hochzeit für Sie die richtige ist, helfen Steuerberater oder entsprechende Verbandsorgane weiter. Eine erste Orientierung bieten spezielle Rechner, die meist kostenlos im Internet verfügbar sind, etwa unter www.abgabenrechner.de.

Das Grundprinzip ist einfach: Nach der Hochzeit können Sie die Steuerklassen und die Art der Veranlagung frei wählen. Unternehmen Sie nichts, kommen beide automatisch in Steuerklasse IV. Sinnvoll ist das oft, wenn beide etwa gleich viel verdienen. Steuern können Sie sparen, wenn nur einer von Ihnen berufstätig ist oder sich die Gehälter so stark unterscheiden, dass ein Partner mindestens 60 Prozent des gemeinsamen Einkommens verdient. Dann ist es sinnvoll, in die Steuerklassen III (höherer Bruttoverdienst) und V (geringerer Bruttoverdienst) zu wechseln.

Der eigentliche Steuervorteil ergibt sich aus der Möglichkeit für Ehepaare, sich gemeinsam veranlagen zu lassen. Beim Splittingverfahren werden die Einkommen zusammengerechnet, und dieser Betrag wird anschließend halbiert. Die für das halbe Einkommen errechnete Steuer wird dann wieder verdoppelt und ist von den Partnern gemeinsam zu zahlen.

Beispiel: Hat die Frau ein zu versteuerndes Einkommen von 100.000 Euro und ihr Mann verdient nichts, spart das Splitting 7.876 Euro pro Jahr. Dazu kommen Entlastungen beim Solidaritätszuschlag und bei der Kirchensteuer. Verdient die Frau dagegen 70.000 Euro und der Mann 30.000 Euro, reduziert sich der Steuervorteil auf 1.102 Euro, obwohl auch hier die Haushaltskasse mit 100.000 Euro gefüllt ist (Quelle: www.stern.de).

Einen Wechsel der Klassen müssen Sie bis zum 30. November des betreffenden Jahres bei Ihrer Gemeinde oder beim Bürgeramt beantragen. Den Antrag müssen beide unterschreiben, beide Lohnsteuerkarten müssen beigefügt werden.

MEIN TIPP: Wichtig für III/V-Kombination ist, dass Sie beide gemeinsame Kasse machen. Ansonsten ist derjenige, der Steuer-

STOLPERSTEIN

Seit dem 1. Januar 2009 können Paare in der katholischen Kirche auch kirchlich heiraten, ohne vorher standesamtlich getraut worden zu sein. Die kirchliche Heirat allein hat aber keine Auswirkungen auf die einkommensteuerrechtliche Situation des Ehepaares.

klasse V gewählt hat, im Nachteil: Er zahlt mehr Steuern als zuvor, während der andere reichlich Steuern sparen kann.

100 Tschüs, Traumhochzeit: 3-2-1-Deins!
SPARPOTENZIAL ●●●

Für manche Bräute symbolisiert das Brautkleid einen ganz besonderen Tag und hat deswegen auch einen hohen emotionalen Wert – andere trennen sich nach der Hochzeit leicht von dem Kleid. Was wollen Sie mit dem Kleid nach der Hochzeit machen: In den Schrank hängen? Oder verkaufen und den Erlös in einen lang gehegten Wunsch investieren?

Das Internet bietet eine Vielzahl an Verkaufsplattformen, beispielsweise Kleinanzeigenmärkte wie www.quoka.de oder Versteigerungsportale wie www.ebay.de. Der Vorteil für Verkäufer ist, dass sie detaillierte Angaben über den Zustand des Kleides machen und gegen einen kleinen Aufpreis mehrere Bilder einstellen können. Vorsicht: Wenn Sie beim Versteigern die Option „Bieten" und nicht „Sofort-Kauf" wählen, riskieren Sie, dass Ihr Brautkleid unter dem gewünschten Wert verkauft wird. Eine andere Möglichkeit sind Hochzeitsforen oder Brautkleidbörsen, etwa www.brautkleid-gebraucht.de, www.buyselldress.de, www.weddingdress.de.

Nicht nur vom Brautkleid, sondern auch von anderen Beauty-Accessoires, wie Schleier, Handtasche oder Haarschmuck, können Sie sich nach der Hochzeit trennen. Dekoartikel, wie Schalen, Kerzenständer, Bänder, Stoffe und Stuhlhussen, bieten sich ebenso zum Verkauf an. Vielleicht haben Sie Artikel für die Erstellung Ihrer Papeterie gekauft, die nicht verwendet wurden? Verkaufen Sie auch Zubehör wie zum Beispiel Stanzer oder Stempel.

MEIN TIPP: Ihre Hochzeit wird unvergesslich bleiben. Daran erinnern Fotos, Videos und die begeisterten Erzählungen Ihrer Gäste. Fällt es Ihnen schwer, sich von all den schönen Dingen zu trennen, denken Sie an die Worte des griechischen Philosophen Demokrit. Er sagt: Das Glück wohnt nicht im Besitze und nicht im Golde, das Glücksgefühl ist in der Seele zu Hause.

EXTRA TIPP

Seit 1976 kann das Brautpaar selbst über die Namenswahl entscheiden (vorher war nur der Ehename des Mannes zulässig). Hier die Alternativen:
● Gemeinsamer Ehenamen (Geburtsname der Frau oder des Mannes), auch Ihre Kinder tragen diesen Namen.
● Ein Partner entscheidet sich für einen Doppelnamen, während der andere seinen Namen behält. Dieser Name wird Familienname, mit dem Ihre gemeinsamen Kinder benannt werden. Die Reihenfolge des Doppelnamens bleibt Ihnen überlassen. Für die Beantragung eines Doppelnamens müssen Sie beim Standesamt rund 20 Euro entrichten.
● Getrennte Namensführung: Sie können Ihren jeweiligen Nachnamen beibehalten, für Ihre Kinder müssen Sie einen Familiennamen bestimmen.

CHECKLISTE
HELFER & BETEILIGTE

1. FAMILIE UND ENGE FREUNDE

Trauzeuge/in Braut
- NAME
- ADRESSE
- TELEFON | E-MAIL

Trauzeuge/in Bräutigam
- NAME
- ADRESSE
- TELEFON | E-MAIL

Eltern Braut
- NAME
- ADRESSE
- TELEFON | E-MAIL

Eltern Bräutigam
- NAME
- ADRESSE
- TELEFON | E-MAIL

Brautjungfer 1
- NAME
- ADRESSE
- TELEFON | E-MAIL

Brautjungfer 2
- NAME
- ADRESSE
- TELEFON | E-MAIL

Brautführer
- NAME
- ADRESSE
- TELEFON | E-MAIL

2. ORGANISATORISCHE HELFER

Hochzeitsplaner
- NAME
- ADRESSE
- TELEFON | E-MAIL

Standesbeamter
- NAME
- ADRESSE
- TELEFON | E-MAIL

Freier Theologe
- NAME
- ADRESSE
- TELEFON | E-MAIL

Pfarrer
- NAME
- ADRESSE
- TELEFON | E-MAIL

Hochzeitslocation
- NAME
- ADRESSE
- TELEFON | E-MAIL

3. DIENSTLEISTER

Catering
- NAME
- ADRESSE
- TELEFON | E-MAIL

Fotograf
- NAME
- ADRESSE
- TELEFON | E-MAIL

Videofilmer
- NAME
- ADRESSE
- TELEFON | E-MAIL

Band
- NAME
- ADRESSE
- TELEFON | E-MAIL

DJ	NAME
	ADRESSE
	TELEFON — E-MAIL
Entertainer	NAME
	ADRESSE
	TELEFON — E-MAIL
Friseur	NAME
	ADRESSE
	TELEFON — E-MAIL
Visagist	NAME
	ADRESSE
	TELEFON — E-MAIL

4. SHOPS

Brautmodengeschäft	NAME
	ADRESSE
	TELEFON — E-MAIL
Herrenausstatter	NAME
	ADRESSE
	TELEFON — E-MAIL
Geschenketisch	NAME
	ADRESSE
	TELEFON — E-MAIL
Konditor	NAME
	ADRESSE
	TELEFON — E-MAIL
Florist	NAME
	ADRESSE
	TELEFON — E-MAIL

Dekorationsartikel	NAME	
	ADRESSE	
	TELEFON	E-MAIL

5. SONSTIGE

Druckerei	NAME	
	ADRESSE	
	TELEFON	E-MAIL
Reisebüro	NAME	
	ADRESSE	
	TELEFON	E-MAIL
Transportunternehmen	NAME	
	ADRESSE	
	TELEFON	E-MAIL
Autovermietung	NAME	
	ADRESSE	
	TELEFON	E-MAIL
Feuerwerk	NAME	
	ADRESSE	
	TELEFON	E-MAIL
Tauben	NAME	
	ADRESSE	
	TELEFON	E-MAIL
_____	NAME	
	ADRESSE	
	TELEFON	E-MAIL
_____	NAME	
	ADRESSE	
	TELEFON	E-MAIL

STICHWORTVERZEICHNIS

Alkohol	88
All-inclusive	28, 29
Angebote vergleichen	14
Bänder	42, 43, 75
Behördengänge	142
Birdcage Veils	53, 54
Blumen	70, 77
Blumenkinder	129, 130
Brautkleid	50, 51
Brautkleid ändern	51, 52
Brautkleid leihen	50
Brautkleid reinigen	51
Brautkleider aus China	55
Brautmodenladen	50
Brautschuhe	55
Brautstrauß	70, 72, 117
Budgetkontrolle	14
Buffet	84, 86
Catering	29, 30, 86
Cupcakes	89
Danksagungskarten	39, 42, 45
Dauer der Hochzeitsfeier	27, 28
Dekoration	70, 73, 74, 75
Dessertbuffet	87
Dessous	51
Diashow	118
DJ	102, 103
Drucksachen	39, 40
Ehevertrag	143
Einladungskarten	39, 42
E-Mail	38, 41
Essen selber machen	84
Fehlkäufe	14
Feuerwerk	119
Finanzieller Spielraum	10
Florist	70, 76
Fotobuch	98
Fotograf	97, 99
Fotos nachbestellen	100
Freie Theologen	32
Freunde und Verwandte	12, 96, 97, 101, 116, 117
Frisur	56
Gartenhochzeit	30
Gästebuch	117
Gästeliste	32, 33, 82
Gastgeschenke	74, 75, 130, 131
Geldgeschenke	11
Geschenketisch	133
Hersteller von Brautkleidern	54
Hochsaison	26
Hochzeit am Wochenende	27
Hochzeit im Ausland	31, 32
Hochzeit im Herbst	26
Hochzeit im Winter	26
Hochzeitsanzug	54
Hochzeitsauto	76, 131, 132
Hochzeits-Blog	13, 41, 42
Hochzeitsbräuche	116
Hochzeitsbriefmarke	40
Hochzeitsdrink	88
Hochzeitshomepage	42
Hochzeitskutsche	132
Hochzeitsmessen	52
Hochzeitsmonogramm	39, 40
Hochzeitsplaner	31, 96
Hochzeitsrede	119
Hochzeitsspiele	115
Hochzeitstauben	120
Hochzeitsthema	9
Hochzeitstorte	88, 89
Hochzeitswalzer	103, 114
Hochzeits-Website	13
Honeymoon	45, 140, 141
Internet-Auktionen	98
Internetforen	97
iPod	101, 103
Junggesellenabschied	138, 139
Kalligrafie	39
Kerzen	74, 75, 128, 129
Kirchenhefte	39, 43, 44

Kirchliche Trauung	32, 71, 77, 82
Kleiderform	52
Kleine Gäste	120, 121
Koch	86, 87
Kompromisse	8
Korkgeld	87, 88
Kosten Blumen	70
Kosten der Hochzeit	8
Kosten Drucksachen	38
Kosten Essen & Getränke	82
Kosten Foto	96
Kosten Musik	96
Kosten Styling	51
Kosten Video	96
Kosten Accessoires	126
Leihen	15
Location	29, 71
Luftballons	75
Mahlgeld	83
Menü	83, 84, 86
Menükarten	44
Miettoiletten	30
Moodboard	14
Musik	100, 101, 102
Namenswahl	145
Newsletter	82
Notfallset	57
Papier	42
Planung	8, 13
Polterabend	139, 140
Porto	40, 41
Postkarte	38
Raummieten	29
Restaurant	28, 83
Ringe	126, 127
Ringkissen	128
Saisonkalender Blumen	71
Saisonkalender Obst & Gemüse	85
Save the Date	38
Schriften	40
Secondhand	53
Sektempfang	28, 84
Sonderwünsche	13
Soziale Netzwerke	13, 41, 42
Standesamtliche Trauung	27, 32, 82, 121
Steuererklärung	11, 144, 145
Stilfrage	9
Streublumen	129
Stuhlhussen	76
Styling	56
Tellergeld	87, 88
Terminplanung	12
Tischgesteck	70
Tischkarten	39, 44, 75
Tischordnung	44
Trinkgeld	29
Übernachtung für die Gäste	33
Verhandeln	15
Verlobung	138
Versicherung	13, 141, 142, 143
Versteigerung	115, 145
Verträge	14, 83
Videofilmer	97, 98, 99
Wellness	57
Wer zahlt was	10

CHECKLISTEN

Budgetplanung	16
Location	34
Gästeplanung	46
Terminplanung	58
Blumen & Dekoration	78
Catering	90
Foto	104
Video	106
Musik	108
Hochzeitsplaner	122
Ablauf Hochzeitstag	134
Helfer & Beteiligte	146

NOTIZEN

NOTIZEN

NOTIZEN

NOTIZEN

NOTIZEN